Träume – die vergessene Sprache Gottes?

Dr. med. Hedwig Uecker Geischläger

FSC
www.fsc.org
MIX
Papier aus ver-
antwortungsvollen
Quellen
Paper from
responsible sources
FSC® C105338

Dr. med. Hedwig Uecker Geischläger

Träume – die vergessene Sprache Gottes?

Bibliografische Information der Deutschen
Nationalbibliothek:
Die Deutsche Nationalbibliothek verzeichnet diese Publikation
in der Deutschen Nationalbibliografie; detaillierte bibliografische Daten sind im Internet über www.dnb.de abrufbar.

ISBN: 978-3-7597-5007-5
© 2024 Hedwig Uecker-Geischläger

VERLAG-IDEENMANUFAKTUR
www.werbetherapeut.com

Konzept und Inhalte: Dr. Uecker Geischläger
Buchmanuskript - Covergestaltung: Alois Gmeiner
Gesamtlayout, Grafik, KI-Fotos: Alois Gmeiner
StockFotos: Freepik

Verlag: BoD • Books on Demand GmbH, In de Tarpen 42,
22848 Norderstedt
Druck: Libri Plureos GmbH, Friedensallee 273, 22763 Hamburg

Inhalt

Träume – die vergessene Sprache Gottes?

Sie kennen bestimmt die berühmte Rede von Martin Luther King „Ich habe einen Traum." Martin Luther King erzählte von einem Tagtraum und eines seiner Ziele dieses Tagtraums war, dass die schwarze Bevölkerung Amerikas gleichberechtigt zur weißen Bevölkerung ist. Dieser Traum ging in Erfüllung. Barack Obama zog 2008 als erster schwarzer Präsident der USA in das Weiße Haus ein.

Kennen Sie die Fortsetzung von „Ich habe einen Traum"? Wenn viele Menschen einen Traum haben, dann wird er Wirklichkeit.

Wir sollten viel mehr von einer christlichen Gemeinschaft, genannt Kirche träumen, wo alle spüren können, dass Christus unter uns ist, dass wir alle das ausstrahlen von dem, was Christus gesagt hat. Damit es wieder heißt, wie bei den ersten Christen: „Seht, wie sie einander lieben."

Ich habe auch einen Traum und bitte Sie, träumt mit mir. Mein Ziel ist es, Ihnen, meine lieben Leser und Leserinnen, Ihnen bewusst zu machen, wie wichtig unsere Seele ist. Sie ist unsterblich und kostbar und ich will Ihnen außerdem bewusst machen, dass Ihre Seele und Ihr Körper gleichberechtigt sind.

Gleich wichtig, das heißt, ein Gleichgewicht soll herrschen, keine Überbetonung des Körpers oder der Seele. Ich bin überzeugt davon, dass die Seele wichtiger ist als der Körper, vor allem im Hinblick darauf, dass die Seele unsterblich ist.

Wir alle haben Träume, vielleicht einen ganz besonderen, wichtigen, lebensweisenden und beglückenden Traum. So mancher Traum erfüllt sich in unserem Leben, während andere ein lebenslanger Traum bleiben. Wir alle haben Träume. Nicht nur Tagträume, nein, Nacht für Nacht hat jeder und jede von uns mindestens fünf bis sechs

Träume und das möchte ich zum Thema dieses Buches machen.

In diesem Buch möchte ich Sie ermutigen, Ihr Traumland zu entdecken, die wirkenden Kräfte zu erkennen und lebenswichtige Einsichten zu erfahren. Aus der Sicht eines Hirnforschers verbergen sich hinter unseren Träumen, in unserer Gehirn-Struktur gewordene Erfahrungen, nämlich die im Laufe unseres Lebens erworbenen und im Gehirn verankerten Muster unseres Verhaltens.

Unser Körper erscheint uns hell, für die Optimisten ist er hell und schön. Mit unserem Körper leben wir, aber unsere Seele ist für die meisten von uns nicht so hell und klar. Nicht weil jemand meint, er habe eine schwarze Seele, sondern weil unsere Seele uns nicht so deutlich klar vor Augen steht wie unser Körper.

Dass beide, nämlich Körper und Seele eine Einheit bilden, ist nicht nur Thema der psychosomatischen Medizin, es war auch bereits Hippokrates und Galen bekannt.

„Corpus enim anima sequitur in suis actionibus. Animam corpus in suis accidentibus." (Der Körper folgt der Seele in seinen Handlungen, die Seele ist der Körper in seiner Sprunghaftigkeit.)

(Vgl. C.A. Meier, Die Empirie des Unbewussten, S. 182, Walter 1968)

Träume aus psychologischer Sicht

Psychologen sagen, die Inhalte der Seele sind zum Großteil unbewusst. Wir haben alle Träume, mit dem Ziel einer unsterblichen Seele. Damit meine ich nicht nur die Nachtträume, sondern auch unsere Tagträume. Tagträume haben ein schlechtes Image. Von unnötig, Zeitverschwendung, Faulheit, vom Träumer als Schimpfwort verwendet, das abwerten soll, bis zu Kreativitätssteigerung, Erholung und psychotherapeutischer Wirkung. Eines wird von Psychologen und Psychotherapeuten inzwischen einstimmig angenommen und von Hirnforschern bestätigt. Nämlich, dass auch unsere Gedanken, die uns während des Tages so ungerufen oft durch den Sinn ziehen, beachtenswert sind.

Vor allem, wenn sie immer wieder kommen. Später werde ich noch ausführlicher darauf eingehen. Wovon träumen Sie eben gerade, während Sie mein Buch lesen? Sie werden merken, dass Sie sich vollständig konzentrieren müssen, um das Buch zu lesen. Ansonsten schleichen sich andere Gedanken ein und welche das sind, ob immer dieselben oder verschiedene Gebiete betreffend, kann bereits Aufschluss über unsere seelischen Inhalte geben. Vielleicht denken Sie ja gerade daran, was Sie heute geträumt haben, und es fällt Ihnen nicht ein.

Nachtträume

Nun will ich mich aber den Nachtträumen zuwenden. Von einer englischen Schriftstellerin gibt es inzwischen ein mehrbändiges Abenteuerbuch, das zum Bestseller wurde: Harry Potter, das Buch, welches auch verfilmt wurde. Warum jedoch ist diese Geschichte so erfolgreich? Ich denke, weil es ein Abenteuerbuch der ganz besonderen Art ist.

Die wenigsten Menschen wissen, dass Träume noch spannender und noch interessanter sind als Abenteuerfilme oder Abenteuerbücher. Träume sind das ganz große Abenteuer, das nicht nach außen, sondern in die eigene Innenwelt führt. Wo große Schätze auf Entdeckung warten.

Guido Kreppold schreibt in seinem Buch Träume – Hoffnung für das Leben: *„Träume sind Fotos meines Unbewussten, die zu Einsichten führen: je nach Trauminhalt kann es Klarstellung, Ermunterung oder Hilfe bedeuten, manchmal auch Ernüchterung."* Und weiter: *„Es gibt Träume, die Ungeklärtes und Belastendes aus der Lebensgeschichte zum Inhalt haben, und es gibt solche, welche den zukünftigen Zustand und das zukünftige Handeln vorausnehmen."*

Sie werden jetzt vielleicht denken: Der gestrige Traum hat mir gar keinen Schatz gebracht und was ich geträumt habe, habe ich nach dem Aufwachen bald wieder vergessen.

11

Haben Sie sich den Traum aufgeschrieben und darüber nachgedacht?

Haben Sie den Traum in Ihr Abend-Gebet genommen, im wahrsten Sinne des Wortes?

Wie Sie das machen können, wie Sie mit Ihren Träumen umgehen können und wie Sie die Schätze Ihrer Träume heben können, das werde ich Ihnen in diesem Buch vermitteln.

Können Träume zukünftige Ereignisse voraussagen?

Traumanalyse ist ja inzwischen eine Wissenschaft geworden, die wie jede Wissenschaft Wissen voraussetzt. Sie werden aber, wenn Sie sich ab jetzt regelmäßig mit Ihren Träumen beschäftigen, auf alle Fälle Ihr Leben bereichern. Es fördert nicht nur Ihre Selbsterkenntnis, sondern auch Ihr Wissen um Ihre Umgebung.

Ja, Träume können auch zukünftige Ereignisse vorankündigen und uns so helfen, bestimmte Situationen besser zu meistern. Oder als Warnträume uns vor unvorsichtigen Handlungen bewahren.

Traumarbeit, wie man das auch nennt, ist eine schöne, sinnvolle und abenteuerliche Arbeit. Ich möchte es lieber als Lieblingsbeschäftigung ansehen, die meine Selbsterkenntnis fördert, die mich auf Wichtiges in meinem Leben aufmerksam macht und die mir hilft, die Mühen oder die Trauer des

Alltags besser zu bewältigen. Träume sind die beste und zugleich eine kostenlose Psychotherapie, die jedem Menschen nächtlich sechs bis siebenmal Mal frei ins Haus geschickt wird. Im Talmud, dem jüdischen Weisheitsbuch, steht zu lesen: „Träume, die nicht gedeutet werden, sind wie Briefe, die nicht geöffnet wurden."

„Briefe aus dem Unbewussten" sagen wir heute dazu. Die auch hin und wieder Gott gesandte Träume sein können. Von so einem Brief aus dem Unbewussten möchte ich Ihnen gleich erzählen. Es ist ein manchen von Ihnen vielleicht sogar bekannter Traum vom Bischof von Großwardein Joseph Lanyi knapp vor Ausbruch des Ersten Weltkrieges in der Nacht vor dem Attentat auf den österreichischen Thronfolger Franz Ferdinand und seiner Frau in Sarajevo.

Der römische Kaiser Augustus und der deutsch-jüdische Maler George Grosz, auf die ich später noch näher eingehen werde, sind es, die ihr Leben einem Traum verdankten.

Hitler berief sich öfter auf ein Erlebnis im Ersten Weltkrieg, als er 1917 mit der Bayerischen Infanterie an der Somme stand. Es war ein Alptraum. Er träumte, er wurde unter einer Lawine von Erde und glühendem Eisen begraben. Am nächsten Morgen wollte er Luft holen und stieg aus dem Schützengraben heraus und ging hinaus ins Weite. Das war besonders leichtsinnig. Aber er meinte, er handelte nicht aus freiem Willen, sondern er sei wie ein Roboter oder Schlafwandler gewesen.

Auf einmal eröffnete der Feind das Feuer und er schmiss sich zu Boden. Es war nur eine Salve, aber laut genug, um ihn wach zu bekommen. Er rannte zu seinen Kameraden zurück, aber der Schützengraben war nicht wiederzuerkennen. Da war nur ein Krater mit einem riesigen Erdhaufen. Alle seine Kameraden waren in Stücke gerissen worden oder unter dem Erdhaufen begraben.

Ab diesem Augenblick war sich Hitler sicher: Die Vorsehung würde eine schützende Hand über ihn halten (was durch sein Überleben späterer Attentate auf ihn bekräftigt wurde). Im Nachhinein lässt sich fragen, ob diese blinde Vorsehung im Traum ihn auch letztlich zu seinem Selbstmord geführt hat.

Ein weiterer Traum deutete den Ausbruch des Ersten Weltkriegs an, den man auch im talmudischen Sinn gern als prophetisch bezeichnen könnte. In der Nacht vor dem Attentat auf den österreichischen Thronfolger Franz Ferdinand und seine Frau in Sarajevo hatte Joseph Lanyt, Bischof von Großwardein, folgenden Traum:

Im Juni 1914, ¼4 Uhr früh, erwachte ich aus einem schrecklichen Traum. Mir träumte, dass ich in den Morgenstunden an meinen Schreibtisch ging, um die eingegangene Post durchzuschauen. Ganz oben lag ein Brief mit schwarzen Rändern, schwarzem Siegel und Wappen des Erzherzogs. Sofort erkannte ich dessen Schrift. Ich öffnete und sah am Kopf des Briefpapiers, in himmelblauem Ton, ein Bild wie auf Ansichtskarten, welches eine Straße und eine enge Gasse darstellte. Die Hoheiten saßen in einem Automobil. Ihnen gegenüber, ein General und neben dem Chauffeur ein Offizier. Auf beiden Seiten der

Straße war eine Menschenmenge, zwei junge Burschen springen hervor und schießen auf die Hoheiten. Der Text des Briefs ist wörtlich derselbe, wie ich ihn im Traum gesehen.

Euer bischöfliche Gnaden!

Lieber Dr. Lanyi!
Teile Ihnen hiermit mit, dass ich heute in Sarajewo als Opfer eines Meuchelmordes falle. Wir empfehlen uns Ihren frommen Gebeten. Herzlich grüßt Sie, Ihr Erzherzog Franz. (Sarajewo, 28. Juni 1914, ¼4 Uhr morgens)

Selbsterkenntnis durch Träume

Manche Träume sind so klar und offensichtlich. Andere wiederum müssen wir erst auspacken und dieses Auspacken kann manchmal gar nicht so leicht sein. Bereits das Träumen aber ist Psychotherapie, ist Verarbeitung von Tagesmüll oder ist ein Erkennen. Es bringt mir Erkenntnis über mich selbst und mein Tun, also fördert es meine Selbsterkenntnis, von der die große Heilige Teresa von Avila schreibt, dass wir uns um Selbsterkenntnis bemühen mögen, denn es gibt nichts Wichtigeres.

Die Träume können für uns auch eine innere Orientierungshilfe sein und auch ein Wegweiser und stärkender Begleiter. Ich glaube, es gibt sie noch, die von Gott gesandten Träume.

Eva war glücklich verheiratet, bis der Direktor ihrer Firma ihr den Hof machte. Sie war anfangs nur geschmeichelt, lachte und scherzte mit ihr, versprach ihr die große Welt und verliebte sich in ihren Direktor. Er kaufte ihr eine kleine Eigentumswohnung als Liebesnest. Dann hatte sie folgenden Traum:

„Ich befand mich ich der Eigentums-wohnung, da war aber jetzt mein Mann und mein kleiner Sohn. Da öffnete sich die Türe, ich dachte, jetzt kommt mein Herr Direktor, aber es kam eine grüne Mamba auf uns zu und richtete sich auf. Ich dachte, jetzt sind wir alle verloren, denn ich wusste, eine grüne Mamba ist eine sehr giftige Schlange. Da bin ich schweißgebadet aufgewacht."

Eva gab dem Traum den Titel: Die Bedrohung. Auf meine Frage, was ihr der Traum wohl sagen wolle, antwortete sie: *„Aufwachen war meine Rettung und wird auch die Rettung meiner Familie sein. Ich muss auf diese Beziehung verzichten, wenn ich meine Familie behalten will."* Die Familie, ihr Mann und ihr kleiner Sohn waren ihr nach längerem Zögern dann doch wichtiger.

In einem Lehrbuch für Träume (Hildegard Schwarz, „Aus Träumen lernen", Droemersche Verlagsanstalt, München 1987) fand ich folgendes Zitat: *„Die Arbeit an den eigenen*

Träumen, dem unerschöpflichen Potential unserer nächtlichen Existenz, gaben mir Kraft, Mut und Selbstvertrauen. Ich war nicht mehr allein. Träume, inzwischen zu Freunden geworden, begleiteten mich. Sie halfen mir Schwierigkeiten zu überwinden, trösteten, warnten und belehrten mich, ohne die Geduld zu verlieren. "

Immer wieder schreibt diese Autorin über den Schatz, den wir in Form der Träume in uns tragen. Ihn wieder auszugraben, kommt einem seelischen Erwachen gleich. Ungeahnte schöpferische Kräfte werden frei, mit denen umzugehen unsere Leiden verringert und unsere Freuden verdoppelt werden können.

Träume als Spiegel der Seele

Ein Traum kann auch wie ein Spiegel sein, in dem sich meine Eigenschaften spiegeln, die guten, wie die schlechten. Ein Spiegel meines Verhaltens, meiner Wünsche und Befürchtungen, aber in diesem Spiegel kann ich auch sehen, ob ich mit mir zufrieden sein kann, oder ob ich etwas korrigieren sollte. Wie sagt doch die Heilige Theresa von Avila: „Nichts ist so wichtig, wie die Selbsterkenntnis."

Träume werden auch das Fenster unserer Seele genannt. Übrigens, wir können im Traum auch eine oder mehrere Stimmen oder Geräusche hören. Traum: Eine junge Frau mit wenig Selbstbewusstsein träumt und erzählt am nächsten Morgen, dass ihr eine Stimme sagte, dass sie viel mehr Möglichkeiten habe als sie glaube.

Der Hirnforscher Gerald Hüther schreibt in seinem sehr lesenswerten Buch „Was wir sind und was wir sein könnten": „Statt Ressourcenausnutzer zu bleiben, könnten wir auch Potentialentfalter werden." Und

Albert Schweizer formulierte: „Das Heil der Welt liegt nicht in anderen Maßnahmen, sondern in einer anderen Gesinnung."

Ja, wenn wir die Gesinnung Jesu hätten, als Christen sollten wir sie eigentlich haben, dann wäre unser Leben friedlicher, leichter, schöner und sinnvoller. Zu so einer positiven Gesinnung können wir finden, und zwar auch durch unsere Träume, vor allem durch die Träume, die wir als Gott gesandt ansehen können. Es gab Traumforscher, die der Meinung waren, alle Träume sind Gott gesandte Träume. Nun, Freud und C.G. Jung, die Traumforscher der Neuzeit, sind da anderer Meinung, obwohl C.G. Jung Gott gesandte Träume nicht leugnet.

Der Psychoanalytiker Hans Dieckmann schreibt:
„Die Einwirkungen, die das Göttliche über die Träume auf den Menschen hat, wird im allgemeinen in der Form von drei Möglichkeiten gesehen:

1. Die menschliche Seele besitzt infolge ihrer eigenen göttlichen Natur die Fähigkeit, im Traumzustand zukünftige Ereignisse zu sehen. (die nächsten beide Punkte stammen wohl aus dem antiken Griechenland)

2. Im Traum sprechen die Götter selbst zu den Schlafenden.

3, Die Luft, die den Menschen umgibt, ist voll von unsterblichen Seelen, die in die Poren des Schlafenden einzudringen vermögen und zwar insbesondere über die Sinnesorgane, um ihm auf diese Weise die Beschaffenheit der Götter vermitteln zu können." (Werner Suter, Die Faszination des Traumes, Eigenverlag 1990)

Ein Traum einer 47-jährigen Frau, sie hörte im Traum eine Stimme sagen: „Es mischt sich Heutiges mit dem vor 30 Jahren." Diese Frau hatte eine Ehekrise. Sie vermutete, dass ihr Ehemann eine Geliebte habe. Bei der Besprechung des Traumes fiel ihr ein, dass sie vor 30 Jahren ihre erste große Enttäuschung mit einem Freund hatte. Die Beziehung ging damals in die Brüche und sie litt noch lange darunter. Jetzt kamen durch ihre Eifersucht jene verletzten

Gefühle wieder hoch. Durch diese Erkenntnis begann sie ihrem Mann wieder zu vertrauen und nach einer Aussprache war die Krise vorbei.

Träume sind ein Spiegel unseres Unterbewusstseins

Niemand, nur der liebe Gott, weiß so gut Bescheid über uns wie unser Unbewusstes, aus dem unsere Träume stammen. Sie meinen uns ganz persönlich. Immer spiegeln sie uns selbst und unser Befinden, unsere Hoffnungen, unsere Stärke, unser Leid und unsere Zuversicht.

Nun, es gibt auch von Gott gesandte Träume, wie wir aus der Heiligen Schrift wissen. Jakob träumte von der Himmelsleiter, auf der die Engel auf- und niedergestiegen sind. Der Traum des Pharaos von den sieben mageren und den sieben fetten Kühen und die mageren Kühe, die die fetten Kühe auffressen. Sein Traum wurde von den damaligen Experten richtig gedeutet und der Pharao ließ Kornspeicher anlegen. Und tatsächlich kam nach 7 Jahren eine Dürre über das Land und die Ägypter hatten durch die Vorräte genug zu essen.

Hüther Gerald: „*Der Versuch, sich selbst zu verstehen, ist nicht neu. Er durchzieht die Menschheitsgeschichte wie ein roter Faden, der in manchen Zeiten und Kulturen fester und sichtbarer, in anderen eher dünner und verborgener gesponnen worden ist. Neu ist zumindest in unserem aufgeklärten abendländischen Zeitalter nur, dass dieser Faden nun auch mit objektiven, naturwissenschaftlichen Verfahren wieder aufgegriffen werden und weitergesponnen werden kann.*" (Damit das Denken Sinn bekommt, Herder 2013, S. 26)

Der Philosoph Heraklit v. Ephesos, 460 Jahre vor Christus verst. (geb. 520 v. Chr.): „*Alles befindet sich in einem ständigen, fließenden Prozess des Werdens, welches vordergründige Gegensätze in einer übergeordneten Einheit zusammenfasst.*" Aus dieser Auffassung entstand die verkürzende Formulierung „Alles fließt".

Oder wenn Heraklit in Fragment B 89 sagt: „*Im Wachen hat man eine einzige und allen gemeinsame Welt. Im Schlafen aber wird jeder einzelne in seine Eigenwelt hinweggewendet.*" (Traum und Träumen,

26

Samml. Vandenhoeck; Joachim Latacz, Funktionen des Traumes in der antiken Literatur, S. 19)

In der griechisch-römischen Antike gab es Kultstätten, zum Beispiel in Epidauros, dem Heilgott Asklepios geweiht, wo Räume bereitet waren, wo die Kranken schlafen konnten. Man war der Meinung, dass die Heilung von Krankheiten durch die Eingebung von Träumen erfolge. Als Tempelschlaf wurde dieses Schlafen im heilen Raum bezeichnet und durch das Ritual, der sogenannten Inkubation, durch das Reinigen und Fasten erzeugte dies einen besonderen Ausnahmezustand, wo die Seele sich ausdrücken konnte.

„Obwohl in den Quellen zur Inkubation die Rede ausschließlich von der Heilung körperlicher Krankheiten ist, wird darin immer wieder betont, dass Asklepios (griechischer Gott der Heilkunst) für Körper und Geist sorge. Für den antiken Menschen sind körperliche Krankheiten und seelische Fehler identisch. Der Vergleich mit der Psychotherapie ist daher gerechtfertigt. " (s.o. Wagner-Simon & Benedetti, S. 68 Beitrag: Therese Wagner-Simon, Der Heiltraum.)

Manchem Traum wohnt eine Heilkraft inne, die wir vielleicht erst nach Wochen bemerken. So träumte eine depressive Patientin immer wieder von dunklen Gängen und engen dunklen Gassen. Eines Tages, als sie wieder in dunklen Gängen wandert, sieht sie in der Ferne ein kleines Licht. Sie geht im Traum auf das Licht zu.

Das Licht wird immer deutlicher und es ist, als ob es auf sie zukäme. Da erwachte sie und konnte hoffen, dass es bald besser wird. Tatsächlich, nach 3 Wochen war die Depression vorüber.

Wie man Träume richtig interpretiert

Man kann die Träume nach verschiedenen Gesichtspunkten auch einteilen, um bessere Übersicht über die eigenen Träume zu erhalten. Wie es verschiedene Arten von Briefen gibt, alltägliche Mitteilungen, Bittbriefe, Reklamebriefe und Mahnbriefe, so lassen sich auch Träume nach verschiedenen Gesichtspunkten einteilen. Weiters zur Interpretation der Träume empfiehlt C.G. Jung, die Träume nach zwei anderen Gesichtspunkten anzusehen, nämlich:

Objektstufig, wenn das sperrig ist. Wenn der Träumer dabei kein Stimmigkeitsgefühl hat, dann Subjektstufig.

Dazu folgendes Traumbeispiel von C.G. Jung. (Ges.W. Bd.8, § 511- 514) Jung hatte einen persönlichen Konflikt mit Herrn A., wobei er allmählich zu der Überzeugung kam, dass das Unrecht in höherem Maße auf Seite von Herrn A. lag. In dieser Zeit hatte Jung folgenden Traum: *„Ich habe einen*

Advokaten konsultiert in einer gewissen Angelegenheit. Er fordert für die Konsultation zu meinem grenzenlosen Erstaunen nicht weniger als 5.000 Franken, wogegen ich mich energisch zur Wehr setze.

Zum Advokaten fällt mir ein: Rechtsstreit, Recht haben, Rechthaberei und damit jene Erinnerung aus der Studienzeit, wo ich oft mit und ohne Recht eigensinnig, hartnäckig und rechthaberisch meine These verfocht, um wenigstens den Anschein der Überlegenheit mir zu erfechten. Dieser Punkt, das fühlte ich, hat in der Auseinandersetzung mit Herrn A. mitgewirkt. Damit weiß ich, dass ich es selber bin, nämlich ein der Gegenwart unangepasstes Stück in mir, das rechthaberisch, wie damals mich überfordert."

Diese Erkenntnis, dass ich es selber bin, der hier in einer anderen Person, die mich ärgert, aufscheint, nennen wir subjektstufige Interpretation und sie kann uns sehr aufschlussreiche Selbsterkenntnis ermöglichen."

Jung weiter: *„Diese Auffassung hat zu einem, mir sinnvoll erscheinenden Resultat geführt, während die Deutung auf der Objektstufe ergebnislos war."* Wenn ein Traum mir zeigt, was für einen Fehler ich mache, so verschafft er mir damit die Möglichkeit, meine Einstellung zu verbessern, was immer von Vorteil ist. Zu einem solchen Resultat gelangt man natürlich nur durch die Anwendung der Subjektstufe.

Zum Abschluss noch ein sehr eindrucksvoller Traum von Helen Keller, die eine ganz andere Traumgeschichte bietet. Eine beeindruckende Erzählung eines Traumes von der blinden amerikanischen Schriftstellerin Helen Keller ist folgendermaßen überliefert: Einmal habe sie im Traum eine Perle betrachtet, erinnert sie sich:

„Es war ein glatter, edel geformter Kristall, und als ich in seine schimmernde Tiefe blickte, erfüllten mich eine sanfte Ekstase und Staunen, wie jemanden, der zum ersten Mal, in das kühle, süße Herz einer Rose schaut. Meine Perle war Tau und Feuer, das Samtgrün von Moos, das weiche Weiß der

Lilien, die Nuancen und die Süße Tausender Rosen."

Helen Keller hatte nie eine echte Perle gesehen, sie war blind, hatte im Alter von 19 Monaten vermutlich eine Hirnhautentzündung und ihr Augenlicht und ihr Gehör verloren. Tagsüber lebte sie in Dunkelheit und Stille, ihre Träume bleiben ihr Leben lang erfüllt von Farben, Bildern und Klängen.

Vielleicht sind auch manche von uns blind, haben eine normale Sehkraft, aber sie sind seelisch blind oder taub. Wie sagt Christus: „Wer Ohren hat zu hören, der höre." (Mt.13,9.43, Mk. 4,9.23, auch bei

Lukas und in der Offenbarung finden sich ähnliche Stellen).

Um seelisch zu hören und zu sehen, müssen wir auch wollen. Seelisch können wir nämlich Ohren und Augen verschließen. Wir interessieren uns einfach nicht dafür und wir denken nicht darüber nach. Warum ist diese blinde Frau glücklich und erfüllt von Farben, Bildern und Klängen und das, obwohl sie blind und taub ist? Verstehen Sie, was ich damit meine? Die meisten von uns können problemlos sehen und hören, mit oder ohne Brille, mit oder ohne Hörgerät, und trotzdem sind wir manchmal sehr unzufrieden und sehen nicht die Schönheit der Natur. Eine einzige Blume oder das Bild meines Auserwählten oder irgendein schönes Antlitz und noch vieles mehr.

War das ein von Gott gesandter Traum an die Taub-Blinde Frau? Anselm Grün schreibt in seinem sehr lesenswerten Buch „Träume auf dem geistlichen Weg": *„In der Nacht ist mein Herz zu Hause. So kann mich Gott besuchen und zu meinem Herzen sprechen."*

Oder in Ps 4 heißt es: *„Bedenket es auf eurem Lager und werdet stille. In der Nacht sollen wir uns über das besinnen, was Gott uns sagen will. Wenn wir wach werden, dann sollen wir uns nicht ängstlich hin und her wälzen und meinen, wir wären am nächsten Morgen nicht ausgeschlafen. Wir sollen dann die Zeit nützen und mit Samuel sprechen: 'Rede Herr, dein Diener hört.'"*

In der Zusammenfassung von Helmut Hark in seinem Buch „Der Traum als Gottes vergessene Sprache" schreibt er: *„Der Traum ist für viele Menschen, speziell für Christen und Theologen, noch immer Gottes vergessene Sprache."* (Sanford)

Erst wenn ein überwältigender Traum einen Menschen heimsucht, wird man auf die Stimme aus der eigenen Seelentiefe aufmerksam.

Für die meisten Menschen ist die Traumsprache so unbekannt wie eine ungelernte Fremdsprache. Doch mit etwas Einfühlung ist es möglich, auch ohne Psychologiestudium den Sinn und die Bedeutung unserer Träume zu erfassen. Die Art und

Weise, wie Kinder die Welt betrachten oder ihre Träume und die Märchen verstehen, zeigt uns eine Richtung des Verstehens. Wenn die Bibel bezeugt, dass wir Menschen in dem lebendigen Gott leben, weben und sind, ist es dann nicht folgerichtig, dass wir auch im Träumen in Gott sind und dass uns die religiösen Symbole der Träume mit ihm in Beziehung bringen?

Nach meiner Erfahrung (und Helmut Hark ist Pfarrer und Psychotherapeut) ist der Traum eine wichtige Quelle zur Selbst- und Glaubenserfahrung. Was ich unterstreichen kann. Erinnern Sie sich jetzt an die antiken Heilschlafstätten des alten Griechenland und verwandeln Sie Ihr Schlafzimmer heute Nacht zu einer Heilschlafstätte.

Und vergessen Sie nicht Stift und Papier bereit zu legen.

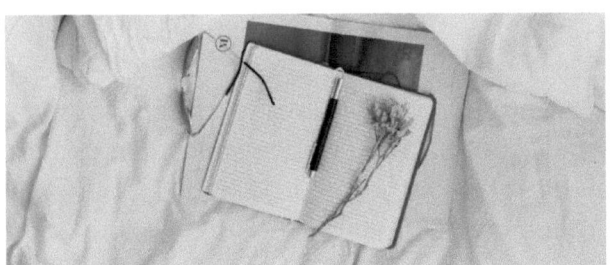

Träume als Heilmittel für unsere Seele?

Eines der besprochenen Heilmittel für unsere Seele sind unsere Träume. Ja, Träume fördern nicht nur die Selbsterkenntnis, sie können auch eine heilende Wirkung haben. Träume sind die kostenlose Psychotherapie, die uns Nacht für Nacht frei ins Haus gesendet wird. Zuvor im Buch habe ich den Heilschlaf der antiken Griechen im Asklepion angesprochen, wo die Kranken nach gründlicher Vorbereitung durch Gebet und Fasten im heiligen Tempelbezirk schlafen konnten und vielfach Heilung erfahren haben. Träume haben auch heute noch eine heilende Wirkung.

Wir alle haben Träume. Ich erinnere an Martin Luther King: „Ich habe einen Traum." Einer seiner wichtigsten Punkte dieses Tagtraumes war die Gleichberechtigung von schwarzen und weißen Amerikanern. Wir erleben auch, dass es sich nicht immer nur um körperliche Heilung zu drehen braucht, auch Christus hat, bevor er den Gelähmten heilte, ihm zuerst seine Sünden vergeben. So erleben wir auch manchmal im Traum, dass wir zum Beispiel jemandem Unrecht getan oder beleidigt haben, einen längst fälligen Brief noch immer nicht geschrieben haben, zu sehr in unseren eigenen Sorgen verstrickt sind und nicht bemerken, dass die Angehörigen unter meinem verbissenen Gesicht leiden.

Nun möchte ich Ihnen einen Albtraum erzählen, der ein deutlicher Warntraum ist. Eine 54-jährige Frau träumt, dass sie in einer Blutlache liegt und aus Nase, Mund und allen Körperöffnungen blutet. Sie ist völlig entsetzt und denkt, dass sie nun sterben müsse und wacht auf. Ich frage, ob sie sich zu viel zumute?

„Sie bluten sich aus!"

„Ja", sagt die Frau, „das hat mir meine Tochter schon mehrmals gesagt, ich arbeite zu viel, bin immer für die anderen da und schaue überhaupt nicht auf mich."

Sie erzählt fast strahlend, dass es ihrer Mutter besser geht und dass sie endlich auch etwas für sich tut.

Eine ganz andere Situation ist im nächsten Traum. Da ist das Gefühl im Traum positiv. Als sie erwacht, ist sie erst irritiert und besorgt, weil sie ihn zuerst nicht richtig versteht. Sie bekomme ein Kind und ist im vierten Schwangerschaftsmonat. Sie hat dabei aber ein sehr gutes Gefühl. Sie ruft etwas verzweifelt ihre Freundin an, die Psychologin ist. Elisabeth ist einigermaßen irritiert.

Sie erzählt der Freundin ihren Traum und sagt dazu, dass sie natürlich Kinder will. Aber bitte nicht jetzt, wo sie gerade ihre Diplomarbeit schreibt und Abtreibung für sie nicht infrage kommt.

Die Psychologin fragt: „Wie hast du dich im Traum gefühlt?"

„Sehr gut", sagt Elisabeth, „aber als ich aufwachte, war ich entsetzt. Was soll ich tun?" Die Freundin lacht und sagt: „Du hast dich im Traum wirklich gut gefühlt?"

„Ja", sagt Elisabeth, „sogar sehr gut".

Dann ist es klar: „Du bist mit einer Schwangerschaft im Reinen."

Dass Träume auch Leben retten können, ist vielen Menschen bekannt. Schon in der Bibel ist die Rettung des Jesuskindes beschrieben: Nimm das Kind und seine Mutter und gehe mit ihnen nach Ägypten, denn Herodes trachtet ihm nach dem Leben. Josef befolgt den Traum und wie die Geschichte endet, kann man im neuen Testament nachlesen.

Eine andere Lebensrettung durch einen Traum: Eine junge Frau, nennen wir sie Sylvia, hat sich von ihrem Freund getrennt, weil er sie geschlagen hat. 3 Wochen später bemerkt sie, dass sie schwanger ist. Sylvia ist völlig verzweifelt, ihre Eltern sind nur wenig hilfreich, ihr Freund ist beleidigt und sagt ziemlich unfreundlich, sie solle nicht so ein Theater machen und drängt sie zur Abtreibung. Zwei Tage vor dem Abtreibungstermin hat sie folgenden Traum: Ein Kind erschien im Traum, es war ein etwa drei- oder vierjähriges Mädchen mit goldenem, lockigem Haar und sie hörte ihre Stimme: „Mami, lass mich doch leben, ich werde ganz brav sein."

Sylvia ist völlig erschrocken aufgewacht und dachte: Dieses süße kleine Mädchen wollte ich umbringen lassen und alles in ihr schrie Nein!

Sie fasste den Entschluss das Kind zu bekommen. Als die Mutter 20 Jahre später mir den Traum erzählte, sagte sie: „Mein Mädchen ist jetzt 19 Jahre alt, es war nicht leicht aber ich war und bin glücklich, dass ich meine Tochter habe. Wir verstehen einander so gut und sie ist so liebevoll zu mir, sie ist mein Sonnenschein."

Eine andere Frau wollte sich und damit auch
ihrem Kind das Leben nehmen. Sie war
18 Jahre alt und sah keine Zukunft. Sie
wollte in die Berge gehen und sich dann von
einem Felsen stürzen. In der Nacht vor der
Bergbesteigung hatte sie folgenden Traum:
Auf dem Weg zu den hohen Felsen am Berg,
noch unter der Baumgrenze, hört sie immer
wieder ein schreckliches Wimmern. Sie
denkt, das ist wohl ein kleines Kätzchen,
das sich verlaufen hat. Sie will es suchen,
findet es aber nicht. Es wimmert weiter, da
wird ihr plötzlich klar, das ist mein Baby,
das so wimmert, weil es sterben soll. Da ist
sie voller Mitleid mit ihrem Baby und wacht
auf. Sie war so beeindruckt von dem Traum,

dass sie sich schließlich für das Leben entschieden hat.

Beide Frauen haben durch ihre Träume ihr Lebensglück gefunden. Träume können Leben retten, das ist vielfach in der Literatur beschrieben und viele wissen es aus eigener Erfahrung. Es gibt aber auch Negativ-beispiele, wie beispielsweise der Traum von Hitler, den ich zuvor schon beschrieben habe.

Was heißt das für uns? Wir sollten ganz vorsichtig mit unseren Träumen umgehen, nicht alle sind Gott gesandt. Eine Zeit lang hatte es sogar geheißen, viele Träume seien vom Bösen eingegeben, weil Missbrauch und die falsche Deutung von selbsternannten Traumexperten sehr häufig vorkam. Deshalb war im 12. Jahrhundert von der Kirche ein Verbot erlassen worden, die es selbsternannten Traumexperten verbot, sich mit Träumen zu beschäftigen.

Hätte Hitler diesen Traum zum Beispiel C.G. Jung erzählt, dann hätte Jung wahrscheinlich gesagt: „Und nun sehen wir uns den Traum einmal subjektstufig an!"

Träume sind nicht immer eindeutig und klar, aber immer wieder. Es war ein Albtraum. Hitler träumte, er wurde unter einer Lawine von Erde und glühendem Eisen begraben. Subjektstufig heißt, auch unser Innerstes, unsere Seele. Seine Seele wird unter einer Lawine von Erde und glühendem Eisen begraben, wenn er weiter seine Aggressionen pflegt. Dass er große Aggressionen, vor allem gegen das jüdische Volk hatte, ist ja allgemein bekannt. Manchmal offenbaren uns unsere Träume unsere Fehler und unser inneres Chaos.

Wie man Träume richtig deutet

Wie gehe ich nun an einen Traum heran, wenn er nicht so eindeutig ist, also keine klare, für mich auf den ersten Blick deutbare Botschaft zeigt?

Die wichtigste Frage an den Traum ist:

„Was fällt mir dazu ein?"

Versuchen Sie immer, den Traum so positiv wie möglich zu sehen. Schreiben Sie Ihre Gefühle auf, die Sie im Traum hatten. Beim Erwachen kann sich ein negatives Gefühl einstellen, das nicht zum Traum gehört. Ich betrachte ihn von allen Seiten und stelle Verbindungen her zu den einzelnen Worten und Begriffen im Traum. Jung nennt das Amplifizieren, also den Trauminhalt erweitern.

Wichtig ist vor allem: Der Träumer hat immer recht. Es ist sein Traum, seine kreative Schöpfung. Ich kann ihm nur Hilfestellung geben, ihm allgemein gültige Symbole darlegen, aber der Träumer entscheidet am Ende. Er muss für sich selbst den Traum richtig interpretieren. Wenn das Gefühl nicht stimmig ist, soll man den Traum weiter hin und her wenden. Was will Gott mir mit dem Traum sagen? Was brauche ich, oder was soll ich tun oder unterlassen?

Ohne den Träumer können wir keine Deutung vornehmen. Die Wörter, die einen Traumbericht zusammensetzen, haben eben nicht bloß einen Sinn, sondern sind vieldeutig. Träumt zum Beispiel jemand von einem Tisch, so weiß man noch lange nicht, was der Tisch des Träumers bedeutet, obwohl das Wort Tisch unzweideutig genug zu sein scheint. Wir wissen nämlich eines nicht, und zwar, dass dieser Tisch gerade jener Tisch ist, an dem sein Vater saß, als er dem Träumer jegliche weitere finanzielle Hilfe versagte.

Eine ähnliche Begebenheit berichtete mir eine Teilnehmerin einer autogenen Trainingsgruppe, die einer Tagtraumsituation ähnlich ist: „Ich spüre während der Meditation im rechten Oberkiefer Schmerzen, war deshalb beim Zahnarzt und das Röntgen war okay. So ging ich zu einem anderen Zahnarzt, der fand auch nichts."

2 Monate später berichtete die Frau: „Na klar, am Samstag, wo ich keinen Zahnarzt finde, bekomme ich so heftige Schmerzen, die kaum auszuhalten waren. Ich fuhr in die Uni-Klinik und dort hat man endlich das Übel im Röntgen sehen können. Der Zahn war eitrig."

Bevor man die Entzündung noch im Röntgen sehen konnte, in der Meditation, im Tagtraum, hatte sie es bereits bemerkt. Das ist eine therapeutische Meditation, die man erlernen kann und wie andere Träume auch heilend, befreiend und die Selbsterkenntnis fördern können.

Dass uns Träume auch vor einem Krankenhaus-Aufenthalt bewahren können, habe ich bei einem psychisch kranken Patienten erlebt, der nach dem ersten Aufenthalt in der Psychiatrie regelmäßig zur Kontrolle kam. Eines Tages berichtete er mir, er habe geträumt, er müsse wieder nach Steinhof (psychiatrische Einrichtung).

Es waren noch keine Anzeichen für einen Rückfall bemerkbar, trotz eingehender Analyse. Ich erhöhte die Medikamentenzufuhr und bestellte ihn in einem kurzen Zeitabschnitt zu mir. Tatsächlich hat er sich nach 2 Wochen wieder verfolgt gefühlt, aber mit Hilfe der rechtzeitigen Medikation war es nicht so schlimm und eine Krankenhaus-Einweisung nicht nötig. Er hat sehr an sich gearbeitet. So hat er im Verlauf von etwa 3 Jahren 80 Bilder gemalt. Er ist heute gesund und braucht seit vielen Jahren keine Medikamente mehr.

Ein Traum von ihm, den er gemalt hat, zeigt einen wunderschönen Apfel, wo ein kleiner Wurm herausschaut. Er selber hat den Traum interpretiert mit: „Da ist der Wurm drin!" Wir haben das Symbol Apfel lange betrachtet. Es war ein wunderschöner, gelblicher Apfel, mit einer kräftig roten Seite, der appetitlich aussah.

Warum ist da ein Wurm drin? Der Wurm war ja eigentlich ganz klein, haben wir festgestellt. Stellt der Patient vielleicht zu große Ansprüche an sich selbst? Der Apfel ist übrigens ein sehr häufiges Symbol, das auf den „Paradiesapfel" in der Bibel verweist. Es steht für Liebe und Verführung und oft steht es für Leben überhaupt und am häufigsten für die Liebe. Über Symbole könnte ich jetzt natürlich noch ausschweifender schreiben und ich finde die Beschäftigung mit Symbolen auch sehr Erkenntnis fördernd. Es bringt auch ein besseres Verständnis unserer Träume.

Träume enthalten versteckte Botschaften

Ein sehr bekannter Traum ist „Der Engeltraum von Marc Chagall." Der berühmte Maler berichtet ihn in seinen Lebenserinnerungen:

„Es ist dunkel, plötzlich öffnet sich die Zimmerdecke und ein geflügeltes Wesen steigt mit Getöse herunter und erfüllt das Zimmer mit Bewegungen und Wolken. Ein Rauschen von schwingenden Flügeln. Ich denke, ein Engel. Ich kann die Augen nicht öffnen, es ist zu hell, zu leuchtend. Nachdem es das ganze Zimmer durchschritten hat, erhebt sich das Wesen und verschwindet durch die Spalte in der Decke. Es wird wieder dunkel. Ich erwache."

Die Bedeutungsfülle der Engelsgestalten und die Spannweite sind bei Chagall ungemein groß. Rosenberg: *„Oft sind es die Gestalten biblischer Boten, dann wieder Geister der Liebe, zuweilen auch geflügel Elementargeister. Schließlich dient die*

Beflügelung von Tieren und Dingen dazu, um das Wehen des Geistes in allen Dingen auszudrücken. "

Die Symbole für die Bewegtheit der Schöpfung durch Liebe und Geist sind für Chagall die Engel. Wie die Engel im Jakobstraum als Boten der himmlischen Welt auf der „Himmelsleiter" hinauf und hinunterstiegen, so vermag die Psyche im Traum die Räumlichkeit und Zeitlichkeit zu überschreiten. (Helmut Hark, der Traum als Gottes vergessene Sprache, Walterverlag 1982, S. 158 f)

Situationstraum eines 35-jährigen Mannes: „Ich habe von meiner Wohnung geträumt, meiner Junggesellenwohnung. Es war ein schreckliches Chaos. Alles war durcheinander, ungewaschene Wäsche lag herum, verdorbenes Essen, leere Bierflaschen lagen im Bett und alles war schmutzig."

Der junge Mann meinte weiter: „Ich verstehe das nicht, ich bin ein sehr ordentlicher Mensch. Meine Mutter kommt zweimal die Woche aufräumen, wäscht Geschirr und Wäsche, warum also das Chaos?"

Der Traum könnte sagen:

„Schau dich an, so ist auch deine innere Situation!"

Das Innere der eigenen Wohnung im Traum weist meist auf die eigene seelische innere Wohnung hin. Also auf unsere Seele und da kann es eben auch chaotisch zugehen, auch wenn wir sonst sehr ordnungsliebend sind. Wohnungsträume sind daher sehr wichtige Träume zur Selbsterkenntnis. Wie sieht es in meinem Inneren aus? Wovon nährt sich meine Seele? Was braucht meine Seele? Auf jeden Fall auch Ordnung. Wie bringe ich Ordnung in meine Seele?

Muss ich da etwa verdorbenes Essen entsorgen, schmutzige Wäsche waschen, mich von Bier oder anderen Beruhigungsmitteln befreien? Solche Träume können uns viel Selbsterkenntnis bieten.

Der Psychologe Jürgen von Scheidt bringt in seinem Buch „Innenwelt Verschmutzung" einen wichtigen Aspekt dazu: *„Analog zur Umwelt-Verschmutzung, wo man es mit einer unerträglichen Zunahme von unverarbeiteten oder unverarbeitbaren (materiellen) Abfällen zu tun hat, könnte man sagen, dass es sich bei der Innenwelt Verschmutzung um falsche Gefühle dreht. Und zwar um Gefühle, die mit Aggressivität zusammenhängen. Hass, Wut, Neid, Eifersucht und Gier. Ich möchte jedoch klarstellen, dass ich solche Aggressionen keineswegs als alleinige Ursache des Elends in der Welt sehe."* (S. 14 ff)

So ein inneres Chaos kann auch durch eine allzu antiautoritäre Erziehung entstehen, wo eine junge Frau oder ein junger Mann keine inneren handlungsweisenden Leitbilder mit auf den Lebensweg bekommen haben.

Der Nobelpreisträger (1973 für Medizin und Physiologie) Konrad Lorenz schreibt in dem noch immer sehr lesenswerten Buch „Die acht Todsünden der zivilisierten Menschheit": *„Wo ein positiver Vater oder Ersatzvater fehlt, ist man als Jugendlicher am allerwenigsten bereit kulturelle Werte anzuerkennen."* (Vgl. s.o. S 79J)

Priester und Ordensleute können wichtige Vorbilder im Sinne eines Ersatzvaters sein. Nehmen Sie sich Zeit für die Beichte, für Gespräche, vor allem mit Jugendlichen, verhalten Sie sich wirklich väterlich, wie Christus seinen Jüngern gegenüber.

Dennoch sind auch Ordensmänner und Ordensfrauen letztlich normale Menschen. Auch sie haben Träume, die sie oft heimsuchen. *„Man ist - Gott sei Dank - sich selbst entlaufen",* so *Carl Gustav Jung* in *einem Vortrag auf der evangelischen Pastoralkonferenz 1931 in Straßburg. Die Träume decken schonungslos unsere innere Wirklichkeit auf. Gerade auch in einem geistlichen Beruf, wo sich, wie schon angedeutet, die Einseitigkeit des Bewusstseins in Richtung des Edlen, Erhabenen,*

Vergeistigten bis ins Extreme steigern kann, können uns Träume sehr überraschend auf den Boden der Wirklichkeit zurückbringen." (Kreppold: Träume – Hoffnung für das Leben)

Ein weisendes Leitbild und lebenswichtiger Sinn war mir als junger Mensch (und ist es natürlich noch immer) Christus, mein Herr, mein Gott und meine Zuversicht. Und Zuversicht braucht man auch, vielleicht sogar mehr, wenn man älter wird.

Sich an der Hand nehmen und führen lassen.
Egal in welchem Lebensalter.

Die Ordnungstherapie

Nun, zurück zum Traum vom inneren Chaos. Eine Ordnungstherapie, die man sich auch selbst verordnen kann, bringt sicher eine gewisse Hilfe, zumindest einmal rein äußerlich. Und innerlich, wenn ich meine Situation nicht ändern kann oder nicht ändern will. Was können wir immer ändern? Unsere Einstellung zur Situation!

Wie aber soll ich diese Einstellung ändern, fragen manche. Da ist es wichtig, dass wir unsere Überzeugungen, unsere in der Kindheit gelernten Verhaltensweisen und Haltungen überprüfen. Was für eine Vier-jährige oder einen Siebenjährigen wichtig war, wird für einen 40-Jährigen nicht mehr stimmen.

Solche Verhaltensweisen entsprechen ge-lernten inneren Mustern, die wir verändern können. Wenn wir Neues an dieser Stelle lernen, dann verlernen wir die alten Muster. Früher sprach man von Prägung und meinte damit, es sei nicht veränderbar. Die Hirn-forschung lehrt uns etwas anderes. Einer der

Hirnforscher ist der Meinung, es kann auch beim Gesunden all das, was wir schon lange nicht gebraucht haben, gelöscht werden. Ein anderer schreibt allerdings, es wird nicht gelöscht, sondern überschrieben.

Die Hauptsache ist, dass wir jederzeit Neues, auch neue Verhaltensmuster lernen können. Und hier ist wieder einmal die Übung der Meister. Ja, es ist ein durchaus stimmiges Sprichwort: Übung macht den Meister.

Aber dazu müssen wir erst wissen, was wir lernen sollen. Wo unser Leben eine Schieflage hat, die wir korrigieren sollen, damit wir gesund bleiben und es uns besser geht. Durch die Beschäftigung mit Träumen werden wir oft in eine Lage versetzt, die uns helfen kann.

Ein Beispiel: Seit Monaten schläft Sebastian schlecht und hat Angstträume. In einem dieser Träume führt ihn sein Großvater in eine Kirche. Er erwacht mit einem Geborgenheitsgefühl. Dieses Beispiel zeigt, dass uns Träume in eine andere Gemütslage versetzen können.

Für unseren Alltag heißt das, dass wir uns diese schönen Bilder wieder ins Gedächtnis rufen. In dem Buch „Die Macht der inneren Bilder" beschreibt Hirnforscher Gerald Hüther das Bild einer geistigen, über alle menschliche Vernunft hinausreichende schöpferische Kraft, die wir Gott nennen.

Träume und Symbole

Die Dominikanerin Sr. Katharina versteht unter Symbolen irdische Bilder für Geistiges, und zwar Bilder, die den Menschen (einzelne Gruppen, die ganze Menschheit) existentiell betreffen und uns unbedingt etwas angehen. Und dadurch den Menschen verwandeln zu seiner Ganzheit hin und ihn in das Bild hineinwachsen lassen, das Gott von ihm hat. Gott spricht zu uns zwar immer, aber fast immer indirekt. Durch Situationen, in die er uns bringt, durch Menschen, die uns begegnen und eben durch Träume und Visionen. (Buch an den Sohn, S. 64)

Träume mit eindeutigen Symbolen kann man nach Symbolen benennen.

- Flugträume
- Fallträume
- Geburtsträume
- Schwangerschafts-träume
- Zahnträume
- Kleiderträume
- Tier- und/oder Pflanzenträume
- Verfolgungsträume
- sexuelle Träume
- Todesträume
- Wiederholungs-träume

Symbole kommen meist so lange vor, bis wir die Traumbotschaft verstanden haben.

Ein Beispiel: Eine 35-jährige Frau, die ihre Sorgen regelmäßig mit Beruhigungstabletten zu vergessen suchte, träumte alle zwei bis drei Wochen:

„Ich gehe auf der Straße, plötzlich falle ich. Ich falle und falle ins Leere, es ist absolut schrecklich."

Jedes Mal war eine andere Situation, doch immer mit dem Fallerlebnis, das sehr bedrohlich war. Nachdem sie längere Zeit keine Beruhigungstabletten mehr eingenommen hatte, verschwand der Traum.

Für A. Grün ist der Traum ein Ort der Gottesbegegnung unter vielen anderen. Das Unbewusste ist für ihn nicht nur die Domäne der Psychologie, sondern auch der Bereich, in dem Gott wirkt und in dem wir Gott manchmal leichter vernehmen können als in unserer bewussten Welt. Jahrtausendelang wurde dieses Bild einer vom Schöpfergeist geschaffenen und aufrechterhaltenen natürlichen Ordnung von

Generation zu Generation weitergegeben. Wegen der Bedeutung, die es für die Menschen als entscheidende, Halt und Orientierung bietende, Ordnung stiftende und bewahrende Kraft besaß.

Es war ihre wichtigste Ressource zur Überwindung von Verunsicherung und Angst. Und je besser es einer Gemeinschaft gelang, diese Ressource zu nutzen und zu festigen, desto angstfreier und zuversichtlicher konnten sich die Mitglieder dieser Gemeinschaft allen Bedrohungen entgegenstellen. Desto mutiger und unbekümmerter waren sie in der Lage, nach neuen kreativen Lösungen für immer neue Herausforderungen zu suchen. Aber das neue zentrale Bild vom Menschen selbst als Schöpfer und Ordnungsstifter konnte bisher nicht leisten, was das alte Bild noch vermochte.

Wohl bot es vielen Menschen einen gewissen Halt, aber nur solange sie noch erfolgreich waren. In den Träumen finden sich häufig Bilder von allgemeiner Gültigkeit, wir nennen sie Symbole. Das Wort kommt vom griechischen „symballein", das mit zusammenwerfen und verdichten übersetzt werden kann. Manche Psychologen sprechen von einer starken energiegeladenen Kraft, die von den Grundsymbolen ausgeht. Und durch diese innewohnende Kraft können wir Stärke, Mut und Zuversicht schöpfen.

Wiederkehrende Traumsymbole und Traumsituationen

Seit Jahrhunderten (wahrscheinlich schon seit Jahrtausenden) versuchen Menschen die Sprache der Träume zu entschlüsseln. Gerade wenn es um Traumsymbolik geht, wird versucht, diese zu übersetzen und als Hinweise auf sein normales Leben zu verstehen.

Oft kommunizieren Träume durch Symbole und Bilder, die es zu deuten gilt.

Sigmund Freud, der Begründer der Psychoanalyse, hat die Traumdeutung maßgeblich geprägt. Hier sind einige seiner zentralen Aussagen zum Verständnis von Träumen und Traumsymbolen:

Wunscherfüllung: Freud argumentierte, dass Träume in erster Linie eine Möglichkeit der unbewussten Wunscherfüllung darstellen. Träume sind demnach Ausdruck unterdrückter Wünsche und Bedürfnisse, die in verschlüsselter Form im Traum auftauchen.

Unbewusstes: Freud glaubte, dass Träume größtenteils aus dem Unbewussten heraus entstehen. Das Unbewusste enthält Triebe, verdrängte Erinnerungen und Wünsche, die im Wachzustand nicht bewusst wahrgenommen werden.

Traumsymbole: Freud sah die Traumsymbole als Ausdruck dieser unterdrückten Wünsche und Bedürfnisse. Diese Symbole sind oft verschlüsselt und müssen interpretiert werden, um ihre wahre Bedeutung zu verstehen.

Traumentstellung: Freud erkannte, dass nicht jeder Traum angenehm ist. Viele Träume erscheinen schmerzhaft oder irritierend. Dies liegt daran, dass zwischen dem manifesten Trauminhalt (was wir im Traum sehen) und dem latenten Traumgedanken (die verborgene Bedeutung) eine Kluft besteht.

Topographisches Modell der Psyche: Für das Verständnis der Traumdeutung ist

Freuds topographisches Modell der Psyche zentral. Er unterschied zwischen dem Bewussten, dem Vorbewussten und dem Unbewussten. Träume entstehen größtenteils aus dem Unbewussten.

Freuds Theorien haben die Art und Weise, wie wir Träume und ihre Bedeutung verstehen, nachhaltig beeinflusst. Wobei Traumsymbole immer stark von den individuellen Erfahrungen und der persönlichen Lebenssituation des Träumenden abhängig sind. Dennoch gibt es universelle Symbole, die in den Träumen von Menschen aus unterschiedlichen Kulturen, Ethnien, Gesellschafts- und Bildungsschichten immer wieder auftauchen. Viele dieser Elemente haben eine zeitlose und allgemein gültige Symbolik, die wir interpretieren können.

Hier eine kleine Auflistung klassischer Traumsymbole und Traumszenarien

1. **Abstürzen / Fallen**

Das Abstürzen einer Person oder eines Objekts im Traum deutet auf potenzielle Verluste hin. Je nach Kontext kann es auf ein Missverhältnis im Umgang mit bestimmten Personen oder herausfordernden Lebenssituationen hindeuten. Ein Absturz kann auch durch übertriebenen Optimismus oder Selbstüberschätzung ausgelöst werden und zeigt, dass der Träumende möglicherweise den Kontakt zur Realität verloren hat.

Das Symbol des Fallens lässt auf innere Unsicherheiten und mangelndes Selbstvertrauen schließen. Es kann vor leichtfertigem Verhalten warnen und symbolisiert mögliche Verluste an Ansehen. Eine selbstkritische Auseinandersetzung mit der eigenen Persönlichkeit ist angezeigt. Fallen ins Bodenlose deutet auf ernsthafte innere Konflikte hin.

2. **Brennen / Feuer**

Das Traumbild von brennendem Feuer ist ein kraftvolles Symbol, das sowohl positive als auch negative Aspekte in sich trägt. Feuer steht oft für Leidenschaft, Intensität und Vergänglichkeit. Es kann die brennende Energie und das innere Feuer des Träumenden widerspiegeln, das ihn antreibt und motiviert. Diese Leidenschaft kann jedoch auch destruktive Züge annehmen, wenn sie außer Kontrolle gerät. Ein brennendes Objekt im Traum kann die zerstörerische Kraft der Leidenschaft symbolisieren, die alles vernichten kann, wenn sie nicht gezügelt wird.

Feuer hat auch eine reinigende und erneuernde Wirkung. In vielen Kulturen und spirituellen Traditionen wird Feuer als Symbol für Reinigung und Transformation angesehen. Es kann darauf hinweisen, dass der Träumende durch eine Phase der seelischen Erneuerung geht, in der alte Muster und negative Energien verbrannt werden, um Platz für Neues zu schaffen. Diese positive Interpretation des Feuers steht für psychische Energie und die Fähigkeit, sich selbst zu erneuern und zu transformieren.

3. **Dunkelheit / Nacht**

Dunkelheit in unseren Träumen repräsentiert Ungewissheit und die Unfähigkeit, verborgene Gedanken, Emotionen und Handlungen zu erfassen. Sie symbolisiert Angst, das Unbewusste und das Unbekannte. Wenn das Dunkel sich lichtet, können Klarheit und Sicherheit in unsere Gedanken und Handlungen zurückkehren.

Dunkelheit kann auch symbolisieren, dass wir uns in einer Phase der Orientierungslosigkeit oder des Zweifels in unserem Leben befinden, in der wir keinen klaren Weg vor uns sehen. Es ist eine Zeit, in der wir uns möglicherweise verloren oder überwältigt fühlen, ohne die Fähigkeit, unsere Gedanken und Gefühle vollständig zu verstehen oder zu kontrollieren.

Die Dunkelheit im Traum kann aber auch auf das Unbekannte hinweisen, auf Dinge, die wir noch nicht entdeckt oder verstanden haben. Es kann eine Aufforderung sein, sich mit den verborgenen Teilen unserer Psyche auseinanderzusetzen und die Ängste und Unsicherheiten zu konfrontieren, die uns zurückhalten. Diese Konfrontation kann beängstigend sein, aber sie ist oft notwendig, um persönliches Wachstum und Selbstverständnis zu fördern.

Wenn sich das Dunkel im Traum lichtet, symbolisiert dies den Übergang von Unklarheit zu Klarheit. Es ist ein Zeichen dafür, dass wir beginnen, unsere inneren Konflikte zu verstehen und zu lösen. Diese Klarheit bringt Sicherheit und Vertrauen in unsere Gedanken und Handlungen zurück.

4. **Fliegen / Flugzeug**

In der Traumdeutung wird das Fliegen oft mit sexuellen Wünschen assoziiert. Das Gefühl des Schwebens steht im Zusammenhang mit Rauschmomenten und der Sehnsucht nach Freiheit. In der modernen Welt hat das Flugzeug eine neue Dimension der Bedeutung – es wird als Symbol des Freiheitsdrangs und des Übermittelns von Gedanken gedeutet.

Das Fliegen im Traum kann aber selbstverständlich eine Vielzahl anderer Bedeutungen haben, die über sexuelle Wünsche hinausgehen. Es symbolisiert oft das Gefühl der Leichtigkeit und des

Entkommens aus den alltäglichen Sorgen und Belastungen. Das Schwebegefühl kann ein Ausdruck von Euphorie und Glück sein, ein Moment, in dem der Träumende sich von allen Zwängen befreit fühlt. Diese Träume können auch den Wunsch nach persönlicher Freiheit und Unabhängigkeit widerspiegeln, das Bedürfnis, sich von den Fesseln des Alltags zu lösen und neue Horizonte zu erkunden.

In der modernen Traumdeutung hat das Fliegen, insbesondere mit einem Flugzeug, zusätzliche Bedeutungen angenommen. Flugzeuge stehen für technologische Fortschritte und die Fähigkeit, große Entfernungen in kurzer Zeit zu überwinden. Sie symbolisieren den Drang nach Freiheit und die Möglichkeit, Grenzen zu überschreiten, sowohl physisch als auch geistig. Das Fliegen mit einem Flugzeug kann auch den Wunsch nach neuen Erfahrungen und Abenteuern darstellen, das Streben nach Wissen und das Übermitteln von Ideen und Gedanken über große Distanzen hinweg.

Darüber hinaus kann das Fliegen im Traum auch auf das Bedürfnis hinweisen, sich über die alltäglichen Probleme und Herausforderungen zu erheben. Es kann ein Zeichen dafür sein, dass der Träumende nach einer höheren Perspektive sucht, um seine Situation besser zu verstehen und zu bewältigen. Diese Träume können ermutigen, sich von den kleinen Sorgen des Lebens zu lösen und das größere Bild zu betrachten.

5. **Flut / Überschwemmung**

Diese Symbole können für emotionale Anspannung und eine Überwältigung von Gefühlen stehen. Die ansteigende Flut

spiegelt die Intensität innerer Gefühls-
welten wider, während sie gleichzeitig
signalisiert, dass die Phase vorübergehend
ist und Erholung folgt.

In der Traumdeutung steht eine Flut oder
Überschwemmung oft für eine heran-
rauschende Welle von Emotionen, die den
Träumenden überrollt. Diese Gefühle
können von Angst, Stress und Trauer bis hin
zu Wut und Verzweiflung reichen. Eine Flut
im Traum kann darauf hinweisen, dass der
Träumende mit einer Situation konfrontiert
ist, die ihn emotional überfordert und er sich
von seinen Gefühlen überwältigt fühlt. Es
ist ein Zeichen dafür, dass es an der Zeit ist,
sich mit diesen Emotionen auseinanderzusetzen und Wege zu finden, sie zu
verarbeiten und zu bewältigen.

Die Optik des Wassers in der Flut kann
ebenfalls wichtige Hinweise geben. Klar
und rein symbolisiert es oft eine reinigende
und heilende Wirkung, während trübes oder
schmutziges Wasser auf negative Emotionen und ungelöste Konflikte hinweisen
kann. Eine Flut kann auch als Warnung
verstanden werden, dass der Träumende

sich in einer Situation befindet, die außer Kontrolle geraten könnte, wenn er nicht rechtzeitig handelt.

Trotz der intensiven und oft beängstigenden Natur einer Flut im Traum, gibt es auch eine positive Seite. Nach der Flut kommt oft eine Phase der Ruhe und Erholung. Dies symbolisiert, dass die emotionale Anspannung vorübergehend ist und dass nach der Bewältigung der überwältigenden Gefühle eine Zeit der Heilung und des inneren Friedens folgen kann. Es ist ein Zeichen dafür, dass der Träumende die Fähigkeit hat, sich von emotionalen Herausforderungen zu erholen und gestärkt daraus hervorzugehen.

6. **Nacktheit / Bloßstellung**

Nacktheit im Traum stellt die ursprüngliche Verwundbarkeit des Menschen dar. Selten hat sie einen sexuellen Bezug; vielmehr deutet sie darauf hin, dass der Träumende sich emotional entblößt und verletzlich fühlt. Nacktheit im Traum steht oft symbolisch für die innere Verwundbarkeit des Träumenden. Sie ist ein Bild für das, was wir sind, wenn wir alle äußeren Hüllen ablegen – sowohl physisch als auch emotional. In unserer Gesellschaft, in der Kleidung oft als Schutz und Teil unserer Identität gesehen wird, stellt Nacktheit eine radikale Rückkehr zu unserem wahren Selbst dar. Das Gefühl der Blöße kann in Träumen also die Angst widerspiegeln, in unserer Authentizität nicht angenommen oder bewertet zu werden.

Soziale Ängste und Unsicherheiten: Die Vorstellung, nackt oder bloßgestellt zu sein, ist oft auch mit sozialen Ängsten verbunden. Träume von Nacktheit können in solchen Konstellationen den Eindruck der Bloß-stellung in sozialen Situationen wider-spiegeln. Der Träumende könnte sich Sorgen machen, dass seine Schwächen und Unsicherheiten von anderen wahrge-nommen werden, oder dass er vor anderen versagt. Diese Traumsituation könnte den Wunsch nach mehr Selbstvertrauen oder die Angst, nicht zu genügen, zur Schau stellen.

Selbstverständlich hat Nacktheit im Traum in bestimmten Kontexten auch sexuelle Konnotation. In einem sexuellen Kontext kann Nacktheit im Traum auf unterdrückte Wünsche und Sehnsüchte hinweisen. Es kann ein Zeichen dafür sein, dass der Träumende sich nach Intimität und körperlicher Nähe sehnt. Solche Träume können auch auf Unsicherheiten oder Ängste in Bezug auf die eigene Sexualität oder den eigenen Körper hinweisen.

Darüber hinaus kann Nacktheit im Traum auch symbolisch für Freiheit und Befreiung stehen. Es kann den Wunsch ausdrücken, sich von gesellschaftlichen Normen und Erwartungen zu lösen und ein authentisches, freies Leben zu führen.

7. **Pferd / Reiten**

Pferde und sich aufbäumende Hengste symbolisieren in der Traumdeutung Lebenskraft und Vitalität. Diese majestätischen Tiere stehen oft für Stärke, Potenz und die rohe Energie, die in jedem von uns steckt. In vielen Traditionen werden Pferde als Zeichen für Macht und Durchsetzungsvermögen angesehen. Ein kräftiger Hengst im Traum kann darauf hinweisen, dass der Träumende seine innere Stärke und seine Fähigkeit, Herausforderungen zu meistern, erkennen und nutzen sollte.

Jedoch haben Pferde in der Traumdeutung auch ihre Schattenseiten. Ein wildes oder unbeherrschtes Pferd kann auf bevorstehende Schwierigkeiten oder Warnsignale hinweisen. Es symbolisiert möglicherweise unkontrollierte Emotionen oder Situationen, die außer Kontrolle geraten könnten. Ein solches Traumbild kann den Träumenden dazu auffordern, sich mit seinen inneren Konflikten auseinanderzusetzen und Wege zu finden, diese zu bewältigen.

Das Reiten eines Pferdes im Traum hat oft eine symbolische Bedeutung für Erotik und Kontrolle. Es kann den Wunsch nach körperlicher Nähe und Intimität widerspiegeln, aber auch das Bedürfnis, die Kontrolle über das eigene Leben und die eigenen Emotionen zu behalten. Wenn das Pferd im Traum Widerstand zeigt oder sich weigert, den Anweisungen des Reiters zu folgen, könnte dies auf innere Konflikte oder gesundheitliche Probleme hinweisen. Es kann ein Zeichen dafür sein, dass der Träumende Schwierigkeiten hat, seine Gefühle zu kontrollieren oder dass es ungelöste Probleme gibt, die seine innere Balance stören.

8. **Ratte / Nagetiere**

Ratten sind in Träumen häufig Warn-symbole. Sie können auf nagende Zweifel oder sogar gesundheitliche Probleme hinweisen, oft noch bevor körperliche Symptome auftreten.

Diese Tiere, die traditionell mit Unbehagen, Angst oder Unreinheit assoziiert werden, können im Traum auch die Anwesenheit von Sorgen oder einem Gefühl der Be-drohung anzeigen. Sie symbolisieren oft schleichende Probleme oder innere Konflikte, die bislang unbemerkt geblieben sind, jedoch beginnen, an der psychischen oder physischen Gesundheit des Träumen-den zu nagen.

Darüber hinaus können Ratten in Träumen auch symbolisch für zwischenmenschliche Beziehungen stehen. Sie könnten auf illoyale oder hinterhältige Personen im Leben des Träumenden hinweisen, die schädlichen Einfluss auf sein Wohlbefinden haben. Diese Traumsymbole könnten als Erinnerung oder Warnung dienen, vorsichtiger im Umgang mit vertrauten oder scheinbar harmlosen Situationen zu sein.

Ratten können auch einen Prozess des Loslassens symbolisieren; das Erkennen negativer Denkmuster oder schädlicher Gewohnheiten im eigenen Leben erfordert oft einen tiefen und manchmal schmerzhaften Blick in das Unbewusste.

9. **Sackgasse**

Eine Sackgasse im Traum deutet darauf hin, dass der Träumende sich in einer ausweglosen Situation befindet. Diese symbolische Darstellung kann verschiedene Lebensbereiche betreffen, sei es im Beruf, in Beziehungen oder in persönlichen Herausforderungen. Die Sackgasse signalisiert oft das Gefühl des Stillstands oder der Frustration, und der Träumende kann den Eindruck haben, dass seine aktuellen Bemühungen und Entscheidungen zu nichts führen. Diese Traumsymbole sind nicht nur einfach eine Warnung; sie ermutigen den Träumenden auch, alte Fehler zu erkennen und alternative Wege zu suchen.

In manchen Fällen kann der Traum vom Vorhandensein einer Sackgasse auch eine Aufforderung zur Selbstneuorientierung sein. Der Träumende sollte bereit sein, gewohnte Pfade zu verlassen und neue Möglichkeiten zu erkunden, die vielleicht auf den ersten Blick unsicher erscheinen, aber letztendlich die Freiheit und den Raum schaffen, den er benötigt.

Eine Sackgasse im Traum symbolisiert oft das Gefühl, in einer bestimmten Lebenssituation festzustecken oder keine Fortschritte zu machen. Es kann ein Hinweis darauf sein, dass der Träumende sich in einer Phase der Stagnation befindet, in der er keine klaren Wege oder Lösungen sieht. Diese Träume können frustrierend und beunruhigend sein, da sie das Gefühl der Hilflosigkeit und des Stillstands verstärken.

Jedoch kann eine Sackgasse auch als eine Art Weckruf verstanden werden. Sie fordert den Träumenden auf, seine aktuelle Situation zu überdenken und neue Wege zu finden, um voranzukommen. Es ist eine Einladung, aus der Komfortzone auszubrechen und sich auf unbekanntes Terrain zu begeben. Diese neuen Wege mögen zunächst unsicher und riskant erscheinen, aber sie bieten die Möglichkeit, neue Erfahrungen zu sammeln und persönliches Wachstum zu fördern.

Das Verlassen gewohnter Pfade erfordert Mut und Entschlossenheit. Es bedeutet, alte Gewohnheiten und Denkmuster zu hinterfragen und offen für Veränderungen zu sein.

Der Träumende muss bereit sein, sich den Herausforderungen zu stellen und die Unsicherheiten zu akzeptieren, die mit neuen Wegen einhergehen. Diese Bereitschaft zur Veränderung kann letztendlich zu einem tieferen Verständnis seiner selbst und seiner Ziele führen.

10. **Spinnen / Insekten**

Spinnen symbolisieren in der Traumdeutung oft Intrigen oder Konflikte, besonders in zwischenmenschlichen Beziehungen. Diese Tiere sind bekannt für ihre Fähigkeit, Netze zu spinnen, was im Traum auf komplexe und möglicherweise manipulative Situationen hinweisen kann. Wenn man von Spinnen träumt, könnte dies bedeuten, dass man sich in einem Netz von Lügen oder Täuschungen gefangen fühlt. Es kann auch darauf hinweisen, dass man sich von jemandem in seinem Umfeld bedroht oder kontrolliert fühlt. Die Spinne kann somit ein Symbol für die Notwendigkeit sein, sich aus diesen Verstrickungen zu befreien und Klarheit in seine Beziehungen zu bringen.

Insekten im Traum können auf tief in uns verankerte Ängste oder Nervosität hinweisen, die psychischen Stress widerspiegeln. Diese kleinen Kreaturen sind oft mit negativen Gefühlen verbunden, wie Ekel oder Angst, und können im Traum auf unterbewusste Sorgen und Ängste hinweisen. Ein Traum von Insekten kann bedeuten, dass man sich von vielen kleinen Problemen oder Sorgen überwältigt fühlt, die sich zu einem größeren Stressfaktor summieren. Es kann auch darauf hinweisen, dass man sich von etwas oder jemandem in seinem Leben belästigt oder gestört fühlt.

Darüber hinaus können Insekten im Traum auch auf Gefühle der Unzulänglichkeit oder Minderwertigkeit hinweisen. Sie sind oft schwer zu kontrollieren und können schnell außer Kontrolle geraten, was im Traum das Gefühl widerspiegeln kann, dass man die Kontrolle über bestimmte Aspekte seines Lebens verliert. Diese Träume können eine Aufforderung sein, sich mit den eigenen Ängsten und Unsicherheiten auseinanderzusetzen und Wege zu finden, um den psychischen Stress zu bewältigen.

11. **Toilette**

Diese oft übersehene Traumsituation steht für die grundlegenden Bedürfnisse des Menschen. Patienten in Sitzungen reden auch „ungern" über diese „peinlichen" Symbole. In der Traumsymbolik repräsentiert die Toilette nicht nur den physischen Akt der Entleerung, sondern auch den metaphorischen Prozess des Loslassens von belastenden Gedanken, Emotionen oder Situationen, die den Träumenden quälen. Die Toilette wird somit zu einem Symbol für die Notwendigkeit, sich von inneren Belastungen zu befreien und Platz für neue, positive Gedanken und Gefühle zu schaffen. Warteschlangen oder Schwierigkeiten beim Zugang zu einer Toilette können in diesem Zusammenhang ein Hinweis auf das Gefühl von Frustration oder Überwältigung sein, wenn es darum geht, diese Entlastung zu finden.

Gleichzeitig kann der Traum von einer Toilette auch ganz einfach den drängenden Wunsch darstellen, tatsächlich auf die Toilette zu gehen – ein Beispiel dafür, wie uns der Körper auch im Unterbewussten klare Signale sendet. Diese physische Notwendigkeit wird sehr oft mit emotionalen und psychologischen Aspekten verknüpft, da das Bedürfnis nach Entleerung sowohl körperlicher als auch seelischer Natur sein kann.

Auf einer tieferen Ebene kann der Besuch einer Toilette im Traum auch eine Aufforderung sein, sich mit den eigenen „Unreinheiten" zu beschäftigen. Sei es in Form von belastenden Emotionen, unerledigten Angelegenheiten oder toxischen Beziehungen. Eine Art von Reinigung und Erneuerung steht an. Daher ist die Toilette in der Traumsymbolik nicht nur ein funktionaler Raum, sondern auch ein bedeutungsvoller Ort, an dem der Träumende mit seinen inneren Konflikten und Bedürfnissen in Kontakt treten kann.

12. **Treppe**

Treppen sind ein starkes Symbol für Übergänge und Entwicklungsprozesse im

Leben des Träumenden. Ein Aufstieg auf der Treppe kann als Ausdruck von persönlichem Wachstum, Erfolg und dem Streben nach höheren Zielen interpretiert werden. Dieser Aufstieg kann auch für neue Perspektiven und die Zugehörigkeit zu einer Gruppe stehen, in der der Träumende das Gefühl hat, unterstützt und vorangebracht zu werden. Im Gegensatz dazu steht ein Abstieg oft im Zeichen von Rückschlägen, Herausforderungen oder dem Gefühl, in eine schwierige Phase seines Lebens zurückzufallen.

Diese Traumsymbole können auch auf innere Konflikte hinweisen, insbesondere wenn der Träumende Angst oder Unsicherheit beim Auf- oder Abstieg verspürt. Der Zustand der Treppe selbst – ob sie steil, rutschig oder in gutem Zustand ist – verdient ebenfalls Beachtung, da er die emotionalen und psychologischen Barrieren widerspiegelt, denen der Träumende gegenübersteht. Zudem kann die Art und Weise, wie der Träumende die Treppe nutzt – zögerlich, energisch oder mit Widerwillen – wertvolle Hinweise darauf geben, wie er mit den Herausforderungen oder

Veränderungen, die auf ihn zukommen, umgeht.

13. **Tunnel**

Ein Tunnel repräsentiert eine Reise ins Unbewusste. Die Emotionen des Träumenden während dieser Begegnung sind entscheidend für die Deutung, sei es als Gefühl des „Eingeschlossenseins" oder als Suche nach Schutz.

Tunnel symbolisieren oft Übergänge, die mit bedeutenden Veränderungen oder der Auseinandersetzung mit inneren Konflikten verbunden sind. Wenn der Träumende den Tunnel betritt, kann dies eine symbolische Darstellung des Eintauchens in seine

92

eigenen emotionalen Tiefen und unbewussten Gedanken sein.

Die Dunkelheit und Enge des Tunnels können Gefühle von Angst oder Klaustrophobie hervorrufen, was darauf hindeutet, dass der Träumende möglicherweise in seinem Leben eingeschränkt fühlt oder sich von äußeren Faktoren erdrückt sieht. Alternativ kann der Tunnel auch als heiliger Raum verstanden werden, in dem der Träumende Gelegenheit hat, verborgene Aspekte seiner Persönlichkeit zu erforschen und Probleme zu hinterfragen, die bis dato ignoriert oder unterdrückt waren.

Der Ausgang des Tunnels, ob er nun Licht oder weitere Angst bereithält, kann viel über die vorliegenden Herausforderungen und die möglichen Lösungswege im Leben des Träumenden aussagen. Daher kann das Traumsymbol Tunnel als Einladung interpretiert werden, sich aktiv mit dem eigenen Unbewussten auseinanderzusetzen, um die Lichtstrahlen des Bewusstseins zu finden und die Hindernisse zu überwinden, die das persönliche Wachstum behindern.

14. **Verfolgung**

Verfolgungsträume sind weit verbreitet und oft ein intensives und erschreckendes Erlebnis für die Träumenden. Sie treten in unterschiedlichen Formen auf, bei denen der Träumende verfolgt wird – sei es von einem Menschen, einem Tier oder einer nicht greifbaren Bedrohung. Diese Traumsymbole sind häufige Indikatoren für innere Konflikte und unterdrückte Inhalte, die an die Oberfläche drängen und der Auseinandersetzung bedürfen.

Diese Träume können auch als Ausdruck des Fluchtinstinkts interpretiert werden. Der

94

Träumende könnte versuchen, unangenehme Wahrheiten oder Emotionen zu vermeiden, und die Verfolgung symbolisiert den Drang, sich von diesen Aspekten des eigenen Selbst zu distanzieren. Verfolgungsträume können auch mit einem Gefühl von schwindendem Selbstwert verbunden sein und Verfolgungsträume sind oft von starkem Angst- und Panikgefühl geprägt. Diese Emotionen können im Traum überwältigend sein und den Schlaf des Träumenden stören. Die Qualität dieser Emotionen kann häufig mit einer spezifischen Herausforderung oder Stresssituation in der Wachwelt korrelieren. Möglicherweise steht der Träumende unter Druck, ist überfordert oder hat Angst vor Konsequenzen in seinem Leben.

Emotionale Unzufriedenheit und ungelöste Konflikte in den eigenen zwischenmenschlichen Beziehungen sind oftmals Ausgangspunkte für Verfolgungsträume. Wenn es zu Spannungen zwischen Menschen kommt und diese Konflikte nicht angesprochen werden

15. **Wald**

Ein Wald im Traum verkörpert das Unbewusste und archetypische Elemente. Er birgt Geheimnisse und Abenteuer und steht für die Erkundung der tiefen, oft unbewussten Aspekte unserer Persönlichkeit.

In der Traumsymbolik wird der Wald häufig als Ort der Transformation und Selbstfindung dargestellt. Er kann sowohl für die Unsicherheiten und Ängste stehen, die im Dunkel des Unbekannten lauern, als auch für die Möglichkeiten und Potenziale, die in uns verborgen sind. Das Betreten eines Waldes kann die Reise in das eigene Innere symbolisieren, in dem der Träumende mit seinen tiefsten Gedanken, Wünschen und Ängsten konfrontiert wird.

Zusätzlich kann der Wald auch als Ort der Freiheit, Flucht oder als Rückzugsort erscheinen, der dem Träumenden die Möglichkeit bietet, sich von den Herausforderungen des Alltags zu distanzieren und Ruhe zu finden. Das Durchqueren eines Waldes, insbesondere wenn es mit Hindernissen oder Umwegen verbunden ist, fordert den Träumenden heraus, sich seinen inneren Konflikten zu stellen und die eigenen Ressourcen zu aktivieren, um Hindernisse zu überwinden.

16. **Weinen**

Weinen im Traum ist oft ein Zeichen emotionaler Reinigung und der Befreiung von psychischem Druck. Dieser Ausdruck von Trauer oder Frustration im Traum kann eine wichtige Rolle im Verarbeitungsprozess von belastenden Emotionen und Erlebnissen spielen. Der Akt des Weinens kann das Auslösen und Zulassen von Gefühlen repräsentieren, die im Wachzustand vielleicht unterdrückt oder nicht ausreichend verarbeitet wurden.

Darüber hinaus ist Weinen im Traum nicht nur auf Traurigkeit beschränkt. In einigen Fällen kann es auch für eine tiefe Freude oder Erleichterung stehen. Diese duale Natur des Weinens im Traum zeigt, dass Emotionen oft vielschichtig sind und auf unterschiedliche Weise ausgedrückt werden.

Insgesamt ist Weinen im Traum ein kraftvolles Symbol, das sowohl auf den Prozess der emotionalen Heilung hinweist als auch den Träumenden daran erinnert, dass es in Ordnung ist, seine Gefühle zu zeigen und die Bereitschaft zu haben, sich den Höhen und Tiefen des Lebens zu stellen.

17. **Straßen / Wege**

Straßen und Wege sind klare Symbole für den eigenen Lebensweg des Träumenden. Sie repräsentieren nicht nur seine körperliche Reise, sondern auch die unzähligen emotionalen und mentalen Pfade, die der Träumende im Leben beschreiten muss.

Die Art der Straße oder des Weges kann dabei bedeutende Einblicke in die gegenwärtigen Lebensumstände geben: Eine schmale, kurvenreiche Straße könnte auf Unsicherheiten oder herausfordernde Entscheidungen hinweisen, während eine breite, klare Straße auf einen stabilen und zielgerichteten Lebenskreis deuten kann. Weggabelungen erfordern Entscheidungen und laden zur Selbstreflexion ein, indem sie Fragen aufwerfen wie: „Gehe ich in die richtige Richtung?" oder „Sind meine aktuellen Entscheidungen mit meinen Zielen und Werten in Einklang?"

Kreuzungen oder Gabelungen können besonders bedeutend sein, da sie den Träumenden vor die Wahl stellen und oft die Dringlichkeit darlegen, transformative Entscheidungen zu treffen. Die Emotionen, die mit dem Reisen auf diesen Straßen verbunden sind – sei es Freude, Angst oder Entschlossenheit – geben wertvolle Hinweise darauf, wie sich der Träumende in seiner Lebenssituation fühlt. Aufgrund dieser Symbolik fördern Straßen und Wege die Auseinandersetzung mit den eigenen Lebenszielen und der gewünschten Richtung, in der das Leben gehen sollte.

Diese Traumsymbolik hat das Potenzial, den Träumenden zu inspirieren, das eigene Traumgeschehen intensiver zu erforschen, um wertvolle Erkenntnisse über den eigenen Lebensweg zu gewinnen.

Wichtige Traumsymbole und wie man sie deutet

Ich möchte nun über einige wichtige Traumsymbole sprechen, die je nach persönlichen Erfahrungen manchmal ganz gegensätzlich zu interpretieren sind.

Traumbild **Sonne**:

Sie ist meist positiv, strahlend, glücklich machend. Wenn jemand gerne in der Sonne ist und gute Erfahrungen mit der Sonne gemacht hat. Für jemand, der früher einen ganz heftigen Sonnenbrand hatte, wird die Sonne nicht mehr so viel Begeisterung entfachen.

Traumbild **Wasser**:

Wasser in der Traumdeutung: Wellness pur, wenn jemand nur gute Erfahrungen mit dem Wasser gemacht hatte. Wer jedoch einmal fast ertrunken wäre, wird ganz andere Gefühle dem Wasser gegenüber haben.

In der Traumdeutung symbolisiert Wasser oft Emotionen, Reinigung und Erneuerung. Es kann daher sowohl positive als auch negative Assoziationen hervorrufen, je nach den persönlichen Erlebnissen und Gefühlen des Träumenden.

Klassisches Beispiel ist ein Traum, in dem man beinahe zu ertrinken droht. Solche Träume können intensive Gefühle von Angst und Bedrohung hervorrufen und auf ungelöste emotionale Konflikte oder Traumata hinweisen. Das Wasser wird dann zu einem Symbol für die tiefen, oft unbewussten Ängste und Sorgen, die der Träumende in sich trägt.

Traumbild **Haus:**

Das Traumbild Haus ist auch ein Grund-
symbol und kann für den Träumer selbst
stehen. Kennen Sie die Formulierung
„harbes Haus"? Damit ist ein guter Mensch
gemeint. Dieses Traumsymbol kann uns
auch viel Aufschluss geben über unser
inneres Haus, über unsere Seele, unseren
Seelenzustand.

Ein gut gepflegtes, schönes Haus kann auf
ein gesundes Selbstwertgefühl und eine
stabile emotionale Verfassung hinweisen.
Es symbolisiert Sicherheit, Geborgenheit
und Wohlstand. Ein solches Haus kann auch
die inneren Ressourcen und Stärken des
Träumenden darstellen, die ihm helfen,
Herausforderungen zu meistern und ein
erfülltes Leben zu führen.

Auf der anderen Seite kann ein verfallenes
oder beschädigtes Haus auf innere
Konflikte, Unsicherheiten oder emotionale
Belastungen hinweisen. Es kann ein
Zeichen dafür sein, dass der Träumende sich
vernachlässigt fühlt oder dass es ungelöste
Probleme gibt, die seine innere Stabilität
beeinträchtigen. Ein solches Haus kann
auch auf vergangene Traumata oder

negative Erfahrungen hinweisen, die noch nicht vollständig verarbeitet wurden und die das emotionale Wohlbefinden des Träumenden beeinträchtigen.

Ein Beispiel: Eine sehr gepflegte Frau, sie war eine hübsche Erscheinung. Doch sie war unglücklich und kam zur Therapie. Einer der ersten Träume war ihre Wohnung, die sehr groß aber kaum eingerichtet war. Es fehlten Sitzmöbel, Tisch, Kasten und noch vieles mehr.

Nach etwa 1 ½ Jahren hatte sie wieder einen Wohnungstraum. Diesmal war die Wohnung gut eingerichtet und auch der Klientin ging es wesentlich besser. Was im Haus geschieht, geschieht in uns drin. Wir selbst sind sehr oft das Haus. Es gibt uns Auskunft über unseren Zustand, wie wir außen und innen beschaffen sind. Auch unser Körper kann das, was in ihm geschieht, von der Seele als Bild im Haus und in der Haushaltung dargestellt sein.

In der Küche kochen wir „unser Süppchen". Es meint bildlich oft unsere Gefühlswelt und wie wir damit umgehen. Hier ist der Ort der Nahrung, und wovon nährt sich unsere Seele am besten? Von Liebe und Zuwendung. Wenn ich in der Küche den Kindern Schokolade gebe, meint der Traum etwas Positives. Wenn ich ihnen jedoch eine versalzene Suppe serviere, meine ich es nicht so gut mit jenen, die ich versorgen will.

Im Wohnzimmer, da wohnen wir. Dort ist es gemütlich oder karg und kühl eingerichtet.

Sehr interessant ist es in einem Haus in den Keller zu schauen.

Habe ich eine Leiche im Keller? Das könnte heißen, dass etwas längst Vergangenes noch nicht verarbeitet wurde und ein altes Problem noch aus dem Keller zu schaffen wäre. Zum Beispiel durch Verzeihung in der Realität. Im Keller sind häufig auch unsere Vorräte. Sind Mäuse im Keller, die an den Vorräten nagen? Ein Keller kann ein Ort des Reichtums aber auch der Angst sein.

Dann gibt es im Haus auch noch einen Dachboden. Häufig gleichgesetzt mit Oberstübchen, indem das Gebälk unserer Gedankenstruktur sichtbar werden kann.

Auf dem Dachboden sollte möglichst Ordnung sein, wie in unserem Kopf. Am Dachboden sollte möglichst kein „Spinnrad" sein. Auch sonst sollte nach Möglichkeit kein Gerümpel am Dachboden sein und wenn Sie eines sehen, schauen Sie es sich genau an. Es könnte vielleicht sogar ein altes Tagebuch Ihrer Mutter dabei sein oder die Fahrdienstleiterkappe des Großvaters, der immer darauf aufmerksam machte: „Pünktlichkeit ist alles" und deshalb sind Sie immer überpünktlich. Auch wenn es manchmal Zeitverschwendung ist und Sie sich deshalb ärgern.

Wenn Feuer am Dach ist, ist es sinnvoll diesen Traum mit einem Psychoanalytiker zu besprechen, falls Ihnen nicht selbst etwas Stimmiges einfällt. Im Traum können auch unbenützte Räume entdeckt werden, oder die Wohnung ist viel größer als ihre reale Wohnung.

Ein Beispiel: Eine 35-jährige Juristin träumt von ihrer Studentenwohnung, die klein, beengt und unangenehm war. Im selben Traum fällt ihr ein, dass sie in Wirklichkeit jetzt eine große, sonnige Wohnung hat. Sie hat es gedeutet, dass sie sich selbst einschränkt und viel mehr Potential hat, als sie glaubt zu haben.

Das Symbol Haus bietet natürlich noch viel mehr, deshalb habe ich es etwas ausführlicher beschrieben.

Traumbild **Maus**:

Träume von Mäusen sind gar nicht so selten. Die meisten Menschen mögen keine Mäuse, manche haben Angst vor ihnen. Welche Überschrift könnte ich meinen Traum geben? Handelt er von guten Mäusen oder von schlechten? Wenn ich mit Mäusen etwas

Positives verbinde, wie zum Beispiel Geld, dann kann es positiv sein. Wenn ich mich aber vor Mäusen fürchte, dann sollte man sich überlegen, für was steht die Maus (oder ein anderes Tier)? Was macht ein Nagetier, dass es so negativ abgespeichert wurde? Es nagt, es zerstört Lebensmittel. Was nagt an mir, an meinem Herzen, an meiner Seele und zerstört damit gute Lebensmittel? Mittel, die für mich zum Leben wichtig sind.

Nun zu einem Traum einer 49-jährigen Frau (ich nenne sie Sonja):

„Ich sehe mich auf der Straße gehen, wie ich jetzt bin, in einem rostbraunen Kleid mit kleinen weißen Blümchen. Ich habe nichts in den Händen. Auf einmal wird mir bewusst, dass ich meine Handtasche mit den Schlüsseln zu meiner Wohnung und mit meinen Ausweisen liegen gelassen habe. Offenbar, wo ich vorher war. Das war irgendein Ort, wo ich jung war, etwa 30 Jahre alt. Ich war auf dem Weg nach Hause."

Sonja berichtet dazu, dass sie anschließend so wach war, dass sie 4 Stunden nicht mehr schlafen konnte. Sie wusste zwar nicht, wie alt sie war, aber sie hatte im Traum ein Marienlied gehört, das sie seit 20 Jahren nicht mehr gehört oder gesungen hatte: „Stern im Meere, Mutter der Gnade, aller Bedrängten Hilfe und Trost. Höre mein Flehen, neige dein Antlitz, gib meine Herrin, Friede." Das letzte Wort wusste sie nicht mehr. Es fiel Sonja dann auch der letzte Satz vom Psalm 139 ein:

„Siehe Herr, ob ich auf dem rechten Weg bin, und leite mich den altbewährten Weg."

Was will mir der Traum sagen, fragte Sonja. Was geschah als Sonja 30 Jahre alt war? Offensichtlich hatte sie damals ihre Identität verloren und die Schlüssel zu ihrer inneren Wohnung. Ich will es kurz machen: Sonja war sehr verliebt in einen Mann, dem sie sich völlig unterwarf. Ein Verarbeitungstraum, der zur besseren Selbsterkenntnis führte.

Hier der Gesamttext dieses schönen Marienliedes:

O Stern im Meere, Fürstin der Liebe, aller Betrübten Labung und Trost. Wenn du mir beistehst, fürcht ich kein Unheil, alles ist heiter, alles ist gut. Höre mein Flehen, neige dein Antlitz, gib, meine Herrin, Friede und Heil.

O Stern im Meere, Mutter der Schmerzen, aller Bedrängten Hilfe und Trost! Wenn du mich tröstest, trocknen die Tränen, schwindet all Trübsal, schwindet all Leid. Höre mein Flehen, neige dein Antlitz, gib, meine Herrin, Friede und Heil.

O Stern im Meere, Pforte des Himmels, aller der Schiffer Hoffnung und Ziel! Wenn du mir leuchtest, wenn du mich leitest, schweigen die Stürme, find ich den Port. Höre mein Flehen, neige dein Antlitz, gib, meine Herrin, Friede und Heil.

Wiederholungsträume – was sie uns sagen wollen

Brigitte kam mit Angstzuständen und schweren Schlafstörungen in Behandlung. Sie erzählte, dass sie wiederholt denselben Traum hatte, mit kleinen Änderungen. Sie befinde sich am Meeresstrand im seichten Wasser. Das Wasser ist klar und sie sieht immer wieder kleine Fische und kleine undefinierbare Tiere.

Brigitte denkt häufig an den Traum, vor allem, weil er immer wieder kommt, und sie macht sich ihre Gedanken darüber. Sie malt auch den Traum auf und bei der Besprechung des gemalten Traumbildes sagt sie plötzlich:

„Das sieht ja aus wie ein Krebs, dieses eine kleine Ding da."

Sie erschrickt bei ihrer Erkenntnis sehr, geht sofort zu einer Gesundenuntersuchung, bei der dann tatsächlich Krebs diagnostiziert wurde. Ohne die Wiederholung wäre ihr der Traum nicht so wichtig gewesen.

Sie merken jetzt sicher, wie wichtig vor allem Wiederholungsträume sind. Die wollen uns etwas besonders Wichtiges für unser Leben sagen.

Eine Patientin wird mir wohl immer in Erinnerung bleiben. Nicht nur wegen ihrer Schönheit, sondern auch wegen ihrem freundlichen und wissbegierigen Wesen. Sie brachte fast regelmäßig in die Therapiestunde einen neuen Traum mit.

Eines Tages brachte sie folgenden Traum:

„Ich bin in meinem Büro und spreche mit dem Betriebsleiter. Ich weiß nicht mehr, worüber wir gesprochen haben, aber in diesen 10 Minuten wurde es immer dunkler in meinem Zimmer und es war doch erst Mittag. Ich hatte das Gefühl, dass ich blind werde und bin voller Angst aufgewacht."

Wir haben die ganze Stunde und auch noch die nächste damit verbracht, den Traum von allen Seiten anzusehen. Ob er subjektstufig, also sie selbst betrifft, oder objektstufig ist, also der Betriebsleiter etwas Wichtiges übersieht. Ich schickte die Patientin zum Augenarzt. Er konnte nichts finden.

Ein halbes Jahr später verminderte sich allmählich ihre Sehschärfe und deshalb geht sie wieder zum Augenarzt. Im MRT findet sich ein Tumor, nahe dem Sehnerv. War der Traum eine höhere Eingebung oder hat einfach der Körper bereits gewusst, dass da in der Nähe des Sehnervs ein winziger Tumor wächst, der noch zu klein war, als dass er schon diagnostiziert werden konnte?

„Ich träume von meinem Bild und dann male ich meinen Traum."
Vincent Van Gogh

Malen offenbart unsere Träume

Eine ausgezeichnete Möglichkeit, einen Traum besser zu verstehen, aber auch seine heilende Wirkung besser entfalten zu können, ist das Malen. Jetzt lesen Sie bitte genau, vor allem falls Sie meinen, Sie können nicht malen, nur weil Sie den Ansprüchen Ihrer Umgebung oder sich selbst in der Kindheit nicht gerecht wurden. Malen kann jeder Mensch. Besonders bewundere ich die Fuß- und Mundmaler.

C.G. Jung schreibt, dass es für thera-peutisches Malen, für Malen von Gefühlen und Traumszenen gut ist, wenn jemand nicht malen kann, denn dann kann das Unbewusste besser ausgedrückt werden. Was immer Sie im Traum gesehen haben, vor allem, was Sie bewegt hat, erfreut hat oder geängstigt hat, ist wert gemalt zu werden. Mit Farbstiften, Wasserfarben, Schulfarben, Acryl oder Ölfarben, was immer Ihnen am besten zusagt.

Malen kann unsere Seele heilen…

Praktische Übung – die eigenen Träume malen

Eine kreative Methode zur Traumdeutung und Heilung

Das Malen von Träumen stellt eine kraftvolle und transformative Methode dar, um das Unbewusste auszudrücken und eine tiefere Verbindung zu den eigenen Gefühlen, Gedanken und Erlebnissen herzustellen. Durch das Malen können wir Emotionen verarbeiten und die heilende Wirkung unserer Träume intensivieren. Besonders aufschlussreich ist die Erkenntnis von C.G. Jung, der betont, dass das therapeutische Malen, besonders von Gefühlen und Traumszenen, auch für Menschen von Vorteil ist, die glauben, nicht malen zu können.

Der Schlüssel liegt darin, die eigenen Ansprüche und Bewertungen beiseitezulegen. Das Malen ist nicht nur für Künstler gedacht – es ist eine Form des Selbstausdrucks, die jeder Mensch nutzen kann. Indem wir unsere Träume auf diese

Weise visualisieren, schaffen wir Raum für Reflexion, Heilung und kreativen Ausdruck. Hier sind fünf praktische Übungen, die Sie dazu anregen, Ihre Träume zu malen und ihre heilende Wirkung zu entfalten.

Einige praktische Übungen, die sich bereits in der Praxis bewährt haben:

1. Traumerinnerung und Skizzieren

Beschreibung: Nehmen Sie sich direkt nach dem Aufwachen einen Moment Zeit, um an Ihren Traum zu denken. Schreiben Sie die wichtigsten Elemente oder Gefühle des Traums auf. Anschließend skizzieren Sie die zentrale Szene oder das, was Ihnen am meisten aufgefallen ist.

Ziel: Diese Übung hilft Ihnen, sich genauer mit den Details Ihres Traums auseinanderzusetzen und Ihre Erinnerungen festzuhalten.

....

....

....

....

....

....

....

....

....

....

2. Farbige Emotionen

Beschreibung: Schreiben Sie Ihre „Traum-farben" auf. Wählen Sie dann jene Farben, die Ihnen im Traum erschienen sind. Sie stehen für bestimmte Emotionen (z.B. Blau für Traurigkeit, Rot für Wut, Gelb für Freude). Malen Sie mit diesen Farben ein Bild, das die Emotionen darstellt, die Sie aus Ihrem Traum mitgenommen haben.

Ziel: Durch diese Übung lernen Sie, Ihre Emotionen besser zu verstehen und auszudrücken.

....

....

....

....

....

....

....

....

....

....

....

WEISS

Hoffnung
Einfachheit
Güte
Reinheit
Trauer

DIE FARBLEHRE:

Öffnet ein weites Feld an Interpretationen.
Es gibt mehrere Farblehren (beginnend bei
Johann Wolfgang von Goethe), die zwar oft
sehr spezifische Auslegungen von Farben
präsentieren. Jedoch ist die grundsätzliche
Deutung bei allen ungefähr gleich.

SCHWARZ

Power
Mystic
Tod
Loslassen
Rafinesse

ROT

Liebe
Romantik
Gefahr
Energie
Aufregung

GRÜN

Leben
Wachstum
Geld
Frische
Natur

ORANGE

Kreativität
Innovation
Motivation
Denken
Ideen

GELB

Intellekt
Optimismus
Wärme
Gefahr
Feigheit

BLAU

Frieden
Vertrauen
Ruhe
Integrität
Kommunikat.

LILA

Weisheit
Würde
Königlich
Luxuriös
Religion

GRAU

Authorität
Sicherheit
Stabilität
Reife
Balance

3. Traumlandschaften erstellen

Beschreibung: Malen Sie eine Landschaft oder eine Szene basierend auf Ihrem Traum. Lassen Sie sich von den Eindrücken und Stimmungen leiten, die Sie während des Traums empfinden. Sie können den Hintergrund anpassen oder imaginative Elemente hinzufügen.

Ziel: Diese Übung fördert die Kreativität und hilft Ihnen, die Symbolik Ihres Traums zu entdecken.

....

....

....

....

....

....

....

....

....

....

....

4. Die Bedeutung der Symbole

Beschreibung: Identifizieren Sie Schlüsselbilder oder Symbole aus Ihrem Traum, die für Sie bedeutungsvoll sind. Malen Sie diese Symbole einzeln auf Papier und reflektieren Sie deren Bedeutung. Was repräsentieren sie für Sie im Wachleben?

Ziel: Diese Übung ermutigt zur Selbstreflexion und zur vertieften Auseinandersetzung mit den bedeutenden Elementen Ihrer Träume.

....

....

....

....

....

....

....

....

....

....

....

5. Traumtagebuch mit Illustrationen

Beschreibung: Führen Sie ein Traumtagebuch, in dem Sie Ihre Träume direkt nach dem Aufwachen aufschreiben. Ergänzen Sie den Text mit kleinen Illustrationen oder Skizzen, die die Traumszenen darstellen.

Ziel: Diese langfristige Übung verbessert die Traumerinnerung und ermöglicht es Ihnen, Veränderungen oder wiederkehrende Motive im Laufe der Zeit zu erkennen.

....

....

....

....

....

....

....

....

....

....

....

6. Visuelle Metaphern

Beschreibung: Überlegen Sie sich eine Metapher, die Ihren Traum beschreibt, und malen Sie diese. Welche Bilder können Sie verwenden, um das Geschehen metaphorisch darzustellen?

Ziel: Diese Übung fördert abstraktes Denken und die Erkundung von tieferen Traumebenen.

....

....

....

....

....

....

....

....

....

....

....

....

7. Kreative Gruppensitzung

Beschreibung: Versammeln Sie sich mit Freunden oder vertrauten Personen und teilen Sie Ihre Träume. Alle Teilnehmer malen Ihre Eindrücke während des Teilens. Besprechen Sie anschließend, was jeder aus seinen Bildern ableitet.

Ziel: Der Austausch in einer Gruppe ermöglicht neue Perspektiven und fördert die Gemeinschaft.

....

....

....

....

....

....

....

....

....

....

....

....

8. Zeitreise ins Traumland

Beschreibung: Kreieren Sie ein Bild, das eine Reise in Ihre Traumwelt darstellt. Stellen Sie sich vor, wie es aussehen könnte, wenn Sie in Ihren Traum eintauchen. Was sehen, hören oder fühlen Sie?

Ziel: Diese Übung erweitert das Verständnis für die Dynamik und Vielschichtigkeit der Traumerlebnisse.

....

....

....

....

....

....

....

....

....

....

....

9. Traumberichte illustrieren

Beschreibung: Schreiben Sie einen kurzen Bericht über Ihren Traum und illustrieren Sie die wichtigsten Teile. Kombinieren Sie Text und Bild, um eine visuelle Geschichte zu kreieren.

Ziel: Diese Übung stärkt Ihre Fähigkeit, komplexe Ideen und Emotionen in einer kreativen Form darzustellen.

....

....

....

....

....

....

....

....

....

....

....

....

10. Emotionale Collage

Beschreibung: Schneiden Sie Bilder aus Zeitschriften oder nutzen Sie eigene Fotos, um eine Collage zu erstellen, die sowohl den Traum als auch die damit verbundenen Emotionen darstellt. Fügen Sie Farben und Text hinzu, die Sie ansprechen.

Ziel: Diese Übung hilft, die emotionale Tiefe des Traums visuell zu erfassen und auszudrücken.

....

....

....

....

....

....

....

....

....

....

....

....

Alles in allem ist das Malen von Träumen ein kraftvoller Ansatz, um das eigene Unbewusste zu erforschen und persönliche Heilungsprozesse zu fördern. Indem Sie sich von den gesellschaftlichen Ansprüchen frei machen und Ihre Kreativität entfalten, können Sie wertvolle Einsichten gewinnen und letztendlich Ihr inneres Gleichgewicht finden. Seien Sie mutig, experimentieren Sie mit verschiedenen Materialien und Techniken, und vor allem:

Genießen Sie den kreativen Prozess!

Sich mit seinen Träumen versöhnen

Noch einmal ein Zitat aus dem Buch „Träume – Hoffnung für das Leben" von Guido Kreppold: *„Die Seele des modernen Menschen dürstet nach dem Geheimnis, das grösser als er selbst ist. Er möchte davon ergriffen werden und damit Heimat und Frieden finden – ein Wunsch, den kritisches Denken nie erfüllen kann."*

Der amerikanische Psychologe Hillman rät, man solle mit seinem Traum Freundschaft schließen. Er rät dazu, an ihm teilzunehmen, in seine Bilderwelt und seine Stimmung einzutreten, mehr über ihn wissen zu wollen, ihn verstehen zu wollen, damit zu spielen, ihn mit sich herumtragen und sich mit ihm vertraut zu machen, so wie man es mit einem Freund tun würde.

Als ich mich mit meinen Träumen angefreundet hatte, war ich auch mit meiner inneren Welt vertraut. Das heißt auch, wenn es uns zu wenig gelingt, durch Gebet mit unserer inneren Welt vertraut zu werden, dass uns dann unsere Träume helfen können. Wenn wir bereits mit unserer inneren Welt vertraut sind, dann werden uns die Träume zu noch mehr Vertrautheit verhelfen.

Hillmann schreibt weiter:

„Wer lebt in mir?"

„Welche inneren Landschaften befinden sich in mir?"

„Was taucht immer wieder auf und wohnt in mir?"

Der erste Schritt nach Hillman ist also mit dem Traum Freundschaft zu schließen. Man muss ihm Zeit und Geduld schenken. Man soll den Traum für sich selbst sprechen lassen, wobei die Bedeutung nach allen Seiten hin abgefragt wird und der Traum selbst seine Geschichte erzählt. Nach Hillmans Meinung bestärken wir durch dieses Freundschaft schließen und zuhören den Wert der Seele (des Selbst) und schenken diesem Aspekt unseres Seins damit die ihm gebührende Aufmerksamkeit.

C.G. Jung:
„Die Beschäftigung mit den Träumen ist eine Art von Selbstbesinnung."

Die wichtigste Methode, den Traum zu verstehen ist nach Freud die sogenannte freie Assoziation. Also, was immer mir einfällt wird beachtet und dann nach bestimmten Regeln interpretiert.

Bei Jung ist es die sogenannte Amplifikation. Diese Methode sucht und erforscht den Zusammenhang der wichtigsten Traumsymbole, indem einfach die Frage gestellt wird: „Was könnte dieses oder jenes im Traum für mich bedeuten?"

Man versucht, so weit wie möglich jedes Bild oder Symbol zu ergründen und seinen besonderen und spezifischen Sinn für den Träumer zu entdecken.

Was ist besonders wichtig an diesem Teil des Traums?

Welche Atmosphäre hat der Traum für Sie?

In welcher Stimmung befanden Sie sich beim Aufwachen?

Durch diese Fragestellungen kann es dem Träumer gelingen, den Traum schließlich mit anderen Ereignissen in seinem Leben in Zusammenhang zu bringen. Jung: *„Ich gehe daher mit dem Traum um, wie wenn er ein Text wäre, den ich nicht richtig verstehe, wie zum Beispiel ein lateinischer, ein griechischer oder ein Sanskrit-Text, in dem gewisse Wörter mir unbekannt sind oder der nur fragmentarisch ist."*

Ich hoffe, Ihnen mit diesem Buch Appetit gemacht zu haben, heute Nacht viel und ausführlich zu träumen. Ich wünsche Ihnen allen in den kommenden Nächten angenehme Träume und wenn der liebe Gott damit einverstanden ist, dann möge er Ihnen nur schöne Träume senden.

10 Punkte Plan, um sich besser an eigene Träume zu erinnern!

Am Ende dieses Buches noch einige Tipps und Vorgehensweisen, um sich besser an seine Träume erinnern zu können:

1. Traumtagebuch führen
2. Regelmäßige Schlafenszeiten
3. Entspannungstechniken
4. Affirmationen
5. Schlafumgebung optimieren
6. Schlafphasen beachten
7. Sanftes Erwachen
8. Trauminhalte rekapituliert
9. Gespräche über Träume
10. Auf Traumtrigger achten

1. Traumtagebuch führen:

Eigentlich der wichtigste Tipp! Führen Sie ein Traumtagebuch. Halten Sie ein Notizbuch und einen Stift neben dem Bett bereit. Schreiben Sie sofort nach dem Aufwachen alles auf, woran Sie sich erinnern, auch wenn es nur Fragmente oder einzelne Symbole sind. Notieren Sie auch Gefühle, Farben, Personen und Orte. Dies hilft, die Traumerinnerung zu festigen und Muster zu erkennen.

2. Regelmäßige Schlafenszeiten:

Kaum zu glauben, aber regelmäßige Schlafenszeiten erleichtern die Erinnerung an Träume. Gehen Sie also jeden Tag zur gleichen Zeit ins Bett und wachen Sie auch am Morgen immer zur gleichen Zeit auf. Ein regelmäßiger Schlafrhythmus kann die Traumerinnerung verbessern, da Körper und Geist sich an einen festen Schlafzyklus gewöhnen.

3. Entspannungstechniken:

Praktizieren Sie Entspannungstechniken wie Meditation oder autogenes Training vor dem Schlafengehen. Diese Methoden beruhigen den Geist und können die Traumerinnerung fördern, indem sie den Übergang in den Schlaf erleichtern.

4. Affirmationen:

Sagen Sie sich vor dem Einschlafen mehrmals, dass Sie sich an Ihre Träume erinnern werden. Positive Affirmationen können das Unterbewusstsein darauf vorbereiten, sich an Träume zu erinnern und die Wahrscheinlichkeit erhöhen, dass Sie sich am Morgen daran erinnern.

5. Schlafumgebung optimieren:

Sorgen Sie für eine ruhige und angenehme Schlafumgebung. Eine kühle Raumtemperatur (18-20 Grad Celsius) und eine dunkle, stille Umgebung können den Schlaf verbessern und somit auch die Traumerinnerung fördern.

6. Schlafphasen beachten:

Achten Sie darauf, genug Schlaf zu bekommen, um alle Schlafphasen, einschließlich der REM-Phase, zu durchlaufen. Die REM-Phase ist besonders wichtig für lebhafte Träume und eine gute Traumerinnerung.

7. Sanftes Erwachen:

Verwenden Sie einen sanften Wecker oder lassen Sie sich natürlich aufwachen, um die Traumerinnerung zu erleichtern. Vermeiden Sie hektisches Aufstehen, da dies die

Erinnerung an Träume schnell verblassen lässt.

8. Trauminhalte rekapitulieren:

Nehmen Sie sich nach dem Aufwachen ein paar Minuten Zeit, um still im Bett zu liegen und die Trauminhalte zu rekapitulieren. Versuchen Sie, die Traumbilder und -gefühle bewusst zu erinnern, bevor Sie aufstehen.

9. Gespräche über Träume:

Sprechen Sie mit Freunden oder einem Therapeuten über Ihre Träume. Das Erzählen und Diskutieren von Träumen kann helfen, sie besser zu erinnern und zu verstehen, da das Verbalisieren die Traumerinnerung verstärken kann.

10. Auf Traumtrigger achten:

Achten Sie auf wiederkehrende Themen oder Symbole in Ihren Träumen. Diese können als Trigger dienen, die Ihnen helfen, sich an andere Trauminhalte zu erinnern. Das Erkennen von Mustern kann die

Traumerinnerung verbessern und die Traumdeutung erleichtern.

Durch die Anwendung dieser Tipps können Sie Ihre Fähigkeit, sich an Träume zu erinnern, verbessern und wertvolle Einblicke in Ihr Unterbewusstsein gewinnen.

MEIN PERSÖNLICHES TRAUMBUCH...

MEIN PERSÖNLICHES TRAUMTAGEBUCH

Legen Sie sich dieses Büchlein neben Ihr Bett. Wenn Sie in der Nacht aufwachen, dann notieren Sie unmittelbar, was Sie im Traum „erlebt" haben. Auch nach dem morgendlichen Aufwachen nehmen Sie sich 5 Minuten Zeit, um Ihren Traum noch einmal Revue passieren zu lassen. Notieren Sie sich die wichtigsten Symbole, Gefühle und auch die Geschichte, die abgelaufen ist. Haben Sie keine Scheu Dinge aufzuschreiben, die scheinbar absurd, unwirklich, peinlich oder hässlich sind. Nur die exakte Aufzeichnung Ihrer Träume bringt Sie einer Erkenntnis näher. Auch wenn Sie Farben sehen, schreiben Sie sich diese auf, oder malen Sie ein Bild. Sie werden sehen – Ihre Träume reden zu Ihnen, denn sie sind…

die vergessene Sprache Gottes?

....

....

144

....

....

....

....

....

....

....

....

....

....

....

....

....

....

....

....

....

....

....

....

....

....

....

....

....

....

....

....

....

....

....

....

....

....

....

....

....

....

....

....

....

....

....

....

....

....

....

....

....

....

....

....

....

....

....

....

....

....

....

....

....

....

....

....

....

....

....

....

....

....

....

....

....

....

....

....

....

....

....

....

....

....

....

....

....

....

....

....

....

....

....

....

....

....

....

....

....

....

....

....

....

....

....

....

....

....

....

....

....

....

....

....

....

....

....

....

....

....

....

....

....

....

....

....

....

....

....

....

....

....

....

....

....

....

....

....

....

....

....

....

....

....

....

....

....

....

....

....

....

....

....

....

....

....

....

....

....

....

....

....

....

....

Schöne Träume…

Ihre Dr. med. Hedwig Uecker Geischläger